中国旅游院校五星联盟教材编写出版项目

中国骨干旅游高职院校教材编写出版项目

酒店客房清洁技术与
管理实训教程

主　编◎段发敏

中国旅游出版社

前　言

改革开放 40 多年来，从 20 世纪五六十年代的传统政务宾馆到八九十年代的旅游观光型饭店，直到今天的商务酒店、度假酒店及精品酒店等；从酒店行业规模的扩大、清洁行业标准的完善，到高水平国际化的经营管理，我国现代饭店业取得的巨大成就有目共睹。酒店客房清洁技术与管理作为现代酒店经营管理中的主要组成部分，其技术、内容、方法也经历了巨大的变革，逐渐达到了国际酒店业的先进水平。

从 2006 年开始，国家大力发展职业教育的方针政策促使酒店管理专业高职教育迎来了新的发展机遇。项目课程、工作任务导向、工作过程系统化等现代高等专业教育的教学理念与方法都极大地促进了国内高职院校的教学与课程改革。酒店行业频出的清洁事件也使得职业教育在课程改革方面有了新的改革方向和改革内容。如何将酒店业与清洁行业的清洁标准按照符合现代酒店清洁标准的工作流程、工作内容、工作方法与酒店相关专业的教学内容有机地结合起来，成为酒店专业高职教育改革的热门话题。本书便是在上述背景下进行构思，通过酒店行业走访、清洁设备行业走访、清洁剂行业走访来组织素材、展开编写的。

本书以现代酒店清洁技术管理理论与实践经验为指导，吸取国内外酒店清洁技术管理的先进经验，以酒店清洁整个过程中涉及的清洁产品、清洁技术方法、清洁器具、清洁剂的主要工作任务和工作流程构建全书的框架结构，重点突出了酒店清洁技术与管理。全书共分七章，第一章从人们对清洁的理解与认识着手，解读了人们对清洁的认识误区并全方位地分析了酒店清洁的意义及带给酒店及宾客的益处。第二章至第五章介绍了客房清洁，包括客房清洁礼仪、客房清洁准备及具体清洁工作、夜床清洁、计划卫生，以及清洁制度与标准等内容；公共区域清洁包括酒店顶面、地面和墙面材料选用及清洁、公共区域清洁标准与流程；洗衣房包括客衣、员工制服、酒店布草的洗涤以及洗衣房管理。第六章是酒店清洁管理，从客房产品及消耗品的控制与分析，清洁器具和客房部员工的管理以及客房防疫与虫害的安全管理四方面进行了介绍。第七章介绍客房清洁技术的发展趋势，包括未来客房产品的发展及相对应的清洁技术的发展。书中对酒店清洁标准的建立，清洁器具的功能用途与操作规范，清洁剂的功能用途与正确使用，酒店产品知识等的介绍，在同类教材中并不多见，从而使本书具备一定的先进性与超前性。希望本书能够为我国酒店管理专业高等职业教育专业课程建设提供有益的启迪。

由于时间仓促，书中不足之处在所难免，望广大读者提出宝贵意见与建议，共同为酒店管理专业教育和课程建设做出应有的贡献。

编者

2019 年 4 月

目 录

第一章　酒店客房清洁概述 ·· 1

  第一节　清洁的概念 ·· 2

  第二节　清洁的重要性 ·· 4

第二章　客房清洁 ·· 8

  第一节　客房清洁礼仪 ·· 9

  第二节　客房清洁准备 ··· 12

  第三节　客房房间清洁 ··· 19

  第四节　夜床清洁 ··· 27

  第五节　客房计划卫生 ··· 29

  第六节　客房清洁制度与标准 ··· 38

第三章　公共区域清洁 ·· 45

  第一节　顶面、墙面与地面的材料选用及清洁 ························· 46

  第二节　公共区域清洁标准与流程 ····································· 63

第四章　客房常用清洁器具与清洁剂 ······································ 72

  第一节　客房常用清洁设备 ··· 72

  第二节　客房常用清洁工具 ··· 84

  第三节　客房常用清洁剂 ··· 92

第五章　洗衣房 ··· 104

  第一节　客衣 ·· 104

  第二节　员工制服 ·· 110

第三节　酒店布草 ·· 112

第四节　洗衣房的管理 ···································· 126

第六章　客房清洁管理 ·· 130

第一节　客房产品及消耗品的控制与分析 ········· 130

第二节　清洁器具的管理 ································ 135

第三节　客房部员工管理 ································ 138

第四节　客房防疫与虫害的安全管理 ··············· 148

第七章　客房清洁技术的发展趋势 ······················· 152

第一节　未来客房产品的发展 ························· 153

第二节　未来客房清洁技术的发展 ··················· 154

参考文献 ·· 156

附　录 ·· 158

酒店客房清洁常用词汇与句子中英文对照 ········· 158

酒店清洁常用表单 ·· 167

客房部计划卫生清洁一览表 ··························· 182

第一章　酒店客房清洁概述

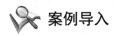
酒店客房用品清洁现状

2018 年 11 月 14 日，网名为"花总丢了金箍棒"的网友通过一段短视频《杯子的秘密》曝光了他在入住的 14 家五星级酒店拍摄的卫生乱象：服务员用同一块浴巾擦杯具、马桶，使用客户用过的方巾擦拭水杯等。在被曝光的酒店中，丽思·卡尔顿、喜来登、华尔道夫、王府半岛、宝格丽、文华东方、颐和安缦等顶级酒店均在其列。花总说在他近两个月拍摄的 32 家酒店中只有一家勉强合格（将水杯统一收走后清洗），"拍得越多越绝望"，去年入住一晚价格 2 万元的网红酒店，情况更糟糕。不过花总也明确表示曝光的视频中，14 家五星级酒店的视频都拍摄于今年，去年的视频并未放在其中。

酒店清洁不设防，这是一个公开的秘密。一个酒店每天所接待的游客来自全球各个地方，不同的种族、各异的生活及饮食习惯均会带来各种细菌甚至病菌。

酒店作为人员流动量最大、病菌最集中的地方，其清洁标准应是三维立体的清洁体系而非目前的二维平面清洁手段。中国酒店需要对"清洁"有一个全新的理解与认识，除尘不等于健康与卫生，需要全面的保洁服务内容和深化的保洁品质。

通过除尘、消毒、除菌、抑螨等不同目的的清洁手段实现更专业的环保保洁服务，并最终使现有保洁服务范围真正获得全面开展。一个真正具有国际现代化标准的星级酒店仅拥有基本服务远远不够，也不可能在激烈的市场竞争中获得游客更多的关注与信赖。

第一节　清洁的概念

清洁：清洁不仅是干净，还应具有更深的内涵。世界权威的卫生组织之一——国际清洁卫生用品商联会（ISSA）用一个英文单词 SHAPE 来概括清洁的特性，每个字母代表了一种特性。S：Safety（安全），清洁能带来安全卫生。H：Health（健康），即清洁能带来健康。A：Appearance（外观），清洁代表了外形美观，如建筑表面的美观。P：Protection（保护），清洁能给建筑物或设施设备以保护，同时清洁能有利于环保。E：Economic（经济实用），清洁能减少浪费，降低成本消耗。

在酒店，清洁保养包括两个方面的内容：一为清洁，即去除尘土、油垢和污渍；二是保养，即保护调养使之保持正常状态。酒店客房清洁保养包括两个大的范围：一是客房的清洁整理，二是公共区域的清洁保养。

一、清洁的误区

对于酒店而言，通过提供服务和产品来获得收益。而在这些内涵里面，包含有环境的卫生和美观。美国旅馆基金会与宝洁公司的一项联合调查表明：在宾客初次或再次选择一家酒店应考虑的诸多因素中，清洁是首要的因素；在宾客不再选择一家酒店应考虑的诸多因素中，不够清洁是首要的原因。然而目前许多酒店是否真正做到清洁了呢？从表面来看，每家酒店都窗明几净，但在清洁方面却存在许多的误区，一定程度上对客人造成了危害，导致客人的流失。

人们常规的思维方式，按清洁的程序和次数来计算是否干净，如此就算清洁过了，清洁得干净了。所以，我们常听到酒店管理者或客人在批评或投诉员工某些方面不清洁时，员工会振振有词地说："我已经清洁过好多遍了。"这里的关键不是以清洁的程序或次数来说明是否清洁，而是清洁是否达到科学标准。

在酒店中，若发生了多起客人在酒店用餐后中毒的事件，则说明清洁出了问题；酒店采购人员在选购新鲜蔬菜时，若没有注意这些蔬菜是否是绿色食品，酒店的粗加工员又按绿色食品来进行清洁，那么残留在蔬菜上的农药是否能被彻底清洁干净？是否能保证这些菜上桌后对客人的安全？意大利某餐馆曾发生多起客人发病现象，结果发现罪魁祸首是在厨房内烹调的主厨，这位主厨已患有多年的肝炎，并已到了较严重的地步，却仍未引起酒店的重视。

中央电视台曾对在京的部分酒店进行暗访，结果是多数酒店在客房清洁过程中有许多地方未能按规定进行操作。如一间客房至少必须配备 6 块抹布，以便能将客房与卫生间分开、干湿分开、恭桶与浴缸分开、清洁杯具的抹布与其他抹布分开；然而多数酒店在打扫客房时却仅配备 1~3 块抹布，那么导致的结果就只能是混合使用抹布，给客人带来的是清洁过而未清洁的洗脸盆、漱口杯等。有些酒店虽然是配备了相应的抹布，但却没有用不同的颜色分开，更多时候员工图方便或工作较忙时，往往拿到后面也就不自觉地将这些抹布混在一起了。有些酒店将不同功用的抹布用不同的颜色分开，然而却没有将这些抹布确定一个合理的放置位置，这些抹布还是混在一起了。当客人用着也不知抹了多少地方的抹布抹的漱口杯时，很容易造成交叉污染。

据调查，实际上多数餐馆的杯、盘、碟消毒了，但消毒过程中未按标准操作，叠放过密，水温过低（标准的水温洗时为 60℃~70℃，冲时为 82℃），导致消毒不彻底，细菌仍存在。国外也曾对洗碗机进行检查，发现里面的污物堆积严重，提议对洗碗机进行清洗。洗碗机不干净，碗自然也洗不干净。

地毯清洁过了，看起来很干净，可不知地毯上约 70% 的灰尘是小于 3 微米的（人的头发是 50 微米，一般肉眼可以看清 10 微米），更别说地毯上的螨虫。

干洗衣服时，干洗过程是完成了，但并没有达到效果，因为干洗过程中，由于种种原因，没有按要求将浓度已超规定标准的清洁液进行蒸发，在脏的清洁液内清洁衣物，只能越清洁越脏。

可见，没有正确的清洁观念，虽然是进行了清洁，但是客人的健康和安全还是不能得到有效保证。

二、清洁与保养

我们常能看到酒店的恭桶釉面严重磨损，这主要是由于服务员在日常清洁过程中，对这些恭桶采取了如下清洁程序：将恭桶刷浸入装满清洁剂的桶内，然后直接进行刷洗。可不知这一做法的后果有多严重：一是破坏了环境；二是造成清洁剂的浪费，增加成本；三是对恭桶表面的破坏。而国外酒店却特地在恭桶清洁剂的开口处加上套子，以保证服务员在清洁时，能精确地向恭桶滴入 2~3 滴的清洁剂。

因此，对于酒店而言，日常的工作应以"保养"为重点，减少清洁，从而延长设施设备的使用寿命。

三、清洁的"死角"

一些酒店一般实行二次供水，高层建筑还实行分段提升供水，但仍存在一些清洁死角：部分酒店对地下蓄水池及屋顶水箱的清洗没有按省一级的规定——每年至少清洗一次，也未对清洗人员进行严格控制（应持有健康证）；在遇到连续高温天气时，也未再进行清洗，导致水表面滋生浮游物；部分酒店也未对管笼中水管分支装有的过滤网进行定期拆卸清洗，造成客人的投诉。

卫生部规定酒店客房毛毯每月清洗一次，但在操作过程中因其不切合实际，一些酒店既无法执行也不再执行，这造成疾病的传播。

餐饮部的卫生往往侧重于餐具的消毒、食品原料的鲜活等方面，但由于实际操作过程中，厨师们习惯于在炸锅油料中添加新的油料，而较少在使用一定时间或数量后全部更新。而油料在长期高温下会产生有毒物质，这些会对人体健康造成危害。

酒店的大堂由于有大量的客人进出，活动频繁，耗氧量大，加上部分酒店的通风设备较差，造成空气污染指数较高。

第二节　清洁的重要性

事实证明，人们对清洁环境的要求越来越高。清洁可改善或增加客人的选择。比如，人们较喜爱到清洁的超市购物，而不喜欢到较脏的小店和菜市场购物；喜爱到干净餐厅就餐，而不喜欢到小作坊就餐；喜爱居住在环境优美和整洁的酒店，而不喜欢到环境较差的小旅馆居住。

众所周知，酒店的利润来源主要由两个部分组成。一是酒店餐饮收入，二是酒店客房收入。酒店的各项服务组成了客人对酒店的入住体验，其中最重要的一项就是客房住宿体验。一间能够对外销售、品质合格的客房离不开客房清洁这一重要环节。

客房的清洁程度是客人入住酒店最关心的问题之一，同时也是客人选择酒店的标准之一。清洁卫生工作是客房部的一项重要任务，主要包括两个方面，即客房的清扫和公共区域的清扫。客房清洁具体内容包括清洁整理客房、更换和补充各种用品、检查和保养设施设备等。清洁卫生服务与管理工作的好坏直接影响着酒店的形象、环境，最终直接影响酒店的经济效益。

一、酒店客房清洁保养的意义

有效的清洁保养能使酒店更加舒适、高雅以及富有魅力，是一家酒店兴旺发达的标志。满足了客人对酒店最基本和最迫切的要求，则能使客人觉得物有所值并对酒店产生好感。整洁卫生的环境，能使员工心情愉快，精神振奋，从而使工作面貌焕然一新；有效的清洁保养能延长酒店建筑、设备、用品的使用寿命。此外，现代化的清洁保养工作能降低劳动强度，提高工作效率和质量，所以其效益不可低估。

清洁的意义具体来说有以下4点：

①建立最佳秩序，防患于未然，提高工作质量；②有利于提高服务人员素质和能力；

③便于管理，避免浪费；④减少投诉，提高信誉。

二、影响客人对清洁程度认识的因素

在酒店行业，人们经常谈论如何提高客人的满意度。可是很少有人想到，在对酒店客人的满意度产生影响的诸多因素中，干净整洁排列第一。事实上一家酒店是否干净，是否整洁并不是只看这家酒店的家具上面有没有灰尘，地上有无垃圾，还有更多的因素会影响到客人对酒店的洁净程度认识。具体包括以下几个方面：

1. 酒店客房的气味

应该说，客房的气味是衡量一家酒店是否洁净的首要标志。客房内既不能允许有霉味，也不能有明显的香水味。住店客人一般都喜欢自己所住客房的卫生间里有柠檬型香味，而卧室里则应该有混合型香味。气味浓烈、刺鼻的空气清新剂很容易让客人产生恶心等反应，因此一定要谨慎使用。勤开窗户也能使客房保持空气清新。

2. 前一位住店客人留下的痕迹

酒店客房内有没有前一位客人留下的痕迹，应该是客人对一家酒店的洁净度认识的最重要因素之一。入住一家酒店的客人绝对不希望在自己的房间里看到任何会使他们联想到有人曾在此处居住过的痕迹。一般来说，最令酒店客人反感的痕迹包括：留在卫生间面盆和浴缸里以及卫生间地面上的毛发丝、走道里凌乱摆放的客房送餐盘、有污渍的地毯和布草、抽屉里客人忘了拿走的个人用品等。

3. 酒店员工的态度和工作效率

一家酒店的员工如客房部、工程部，以及餐厅的工作人员的整体服务态度也会影响住店客人对酒店洁净程度的认识。一般来说，客人只要看见酒店的员工在不停地清扫公共区域，他们就会很自然地觉得这家酒店十分洁净。而且员工本身的整洁也很重要，干净利落、着装整齐的员工有助于提升客人对酒店整体洁净程度的印象。

4. 酒店设备的维护

住店客人的基本要求是客房里的每一件物品和设施设备在任何时候都完好无损，而且维护得当。即使某个设施设备有故障，也应该在最短的时间内修好。否则即使客房表面上再干净，客人还是会觉得不舒服，而使其满意度受到影响。

5. 客房的装备优良

入住一家酒店的客人都会要求这家酒店客房的设施和装备合理、可用。尤其是在客房的工作区域，照明效果好，易于连接电话接口、数据接口和电源插孔的写字台对于商务旅行者来说尤为重要。另外，适当数量的毛巾、口杯、免费的卫生用品、一定数量的毛毯和枕头、闹钟、电视机及其遥控器都不可缺少。

6. 酒店本身的历史

一家酒店设施、家具陈设的年代长短与这家酒店是否洁净按理说没太大的关系。但是酒店的客人一般会感觉破损而且陈旧的客房家具和布草不是很洁净。

7. 照明

住店客人一般都希望自己所住的客房及其卫生间的照明效果好。这就要求酒店尽量使用日光灯、床头阅读灯，卫生间墙上方或四周有明亮的照明。尤其是公共区域要有良好的照明。在客房里巧妙地使用灯光，不仅可以使客房显得更加明亮，还可以令客人感到心旷神怡。

8. 客房的色调

吸引客人目光的色调也是客人对一家酒店的洁净程度评价的基础。一般而言，酒店的客人更喜欢米色和奶油色等中性颜色，而对于那些太亮或太深的颜色并不是十分感兴趣。

三、酒店客房的主要卫生隐患

（一）空气混浊不新鲜

服务员每天打扫好房间后，都习惯把门窗关紧，并拉上窗帘，让房间处于封闭之中。房内空气无法流通，房外阳光也无法晒入。客人入住时，会明显感到房内空气混浊不清新。如遇淡季，入住客人往往会闻到一股很浓的霉变气味。

有些酒店已经装有紫外线消毒器，但显然是不够的。为此建议：服务员每天打扫好房间后，不管是否有客人入住，都应把门窗打开一定的时间，让房内空气流通。晴天时还应让阳光晒进房间，保持房内空气清新。

（二）地毯潮湿不清爽

许多中低档酒店的客房地面铺化纤地毯，客人倒水、喝水、喝饮料、吃瓜果、用餐、洗晒衣服等，常常会将脏物泼溅到地毯上，把地毯弄湿弄脏。时间一长，地毯不仅潮湿，易生细菌，而且脏痕斑斑，很难看。

特别是卫生间门口的地毯，由于客人漱洗时不注意，常常被弄湿。有些酒店装修时，卫生间的地面偏高，洗澡时常常把水泼出池外，溅在地面，渗进地毯。服务员用吸尘器可以吸去灰尘、杂物，但无法把脏湿的地毯吸干净弄清洁。脏湿地毯长时间得不到处理，很容易发生霉变，梅雨季节还会产生一股难闻的气味。

（三）床上用品不干净

客人直接接触的床上用品，如床单、垫单、枕套能每天换洗之外，其他如枕芯、毛毯、床罩、棉被等则长时间不更换。虽然睡眠时肢体不直接接触这些用品，但也与客人健康休戚相关。

有的客人外出回来后，会直接躺在床罩或毛毯上休息，这些床上用品也是旅客经常会直接接触的，仅不定期喷洒消毒是不妥当的。

还有些客人习惯靠在床头靠板上，特别是晚上洗澡后，头发未干，就靠在床头靠板上看电视，时间一长，有些床头靠板已变黑、变脏。这些物品虽不用每天更换，酒店也应制订定期的换洗计划。

（四）卫生间内不清洁

卫生间是客人使用率最高的地方之一，也是卫生隐患最多的地方。卫生间内用水较多，特别是洗澡时热气蒸发，湿度很大。加上客人洗澡时不注意，经常把水溅到池外，流到地面。如果下水管不畅，地面上就要积水，变得非常潮湿。洗脸池下更是阴暗潮湿，往往还要摆放废物篓，更是容易滋生细菌。

除加强对浴池、洗脸池、抽水马桶、地面的清洗消毒外，酒店还应放置一些干燥剂、消毒剂，浴帘也应及时清洗更换，经常检查排气扇是否完好、能否使用。

第二章　客房清洁

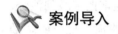

清洁员的困惑

　　住在810房的两位客人来自浙江温州，他们今天上午刚抵达杭州，经朋友介绍下榻到这家酒店。第二天，上午用完早餐后回到房里，一位原定下午来与他们商谈一宗出口业务的杭州市某大公司副总经理来电，因故欲将会谈改到上午进行。由于这宗买卖关系到温州客人半个年度的经营计划，同这位副总经理洽谈是他们此次来杭的首要目标，所以尽管上午已有安排，他们还是一口答应。挂上电话，马上与另外两家公司联系，把原定上午会面的计划推迟到下午。"邢副总还有半小时便要到达，房里还是乱七八糟的，请服务员快来打扫吧。"年纪较大的那位营业部经理对助手说道。

　　经理的助手开门出去找楼层值台服务员时发觉，一辆服务车已停在801房外面，801房的门敞开，显然服务员已经开始在那儿做客房清洁卫生。助手到801房。十分斯文地请两位服务员立即打扫810房。最后没有忘记说声"谢谢"。两位服务员听到他的要求面面相觑，似乎有什么难处。"是否我的要求会给你们带来什么困难？"助手还是彬彬有礼地询问。一位年纪稍大的服务员开口了，她说："我们每天打扫房间都必须按规定的顺序进行。早上8点半开始打扫801房。然后是803、805等，先打扫单号，接着才是双号。打扫到810房估计在10点左右……""那么能不能临时改变一下顺序，先打扫810房呢？"助手十分耐心地问道。"那不行，我们的主管说一定要按规范中既定的顺序进行。"他们面露难色。显然服务员能理解客人的心情，也很愿意满足他的要求，但却不敢违反酒店的规定。

第一节　客房清洁礼仪

一、客房清洁员仪容规范

所谓仪容，就是容貌、面容的总称。

对客房清洁员来说仪容的修饰非常重要，更为讲究。客房清洁员美丽、自然、亲切的仪容会给客户亲切感，使客户认可客房清洁员的工作。

客房清洁员仪容的具体内容和要求如下：

（1）应保持面容清洁，适时理发，发型美观、大方。头发不宜喷重味的啫喱。

（2）常修指甲，常洗澡，勤洗手，勤更衣。

（3）男客房清洁员要每日修面，不留小胡子，大鬓角，发不盖耳。

（4）女客房清洁员不梳披肩发，前发不遮眼，后发不过肩，不留长指甲和涂指甲油。不可浓妆艳抹，要化淡妆。

（5）面带微笑，亲切和蔼，稳重端庄，不卑不亢。

二、客房清洁员仪态规范

仪态是指客房清洁员在工作和日常交往活动中，举止所表现的姿态和风度。

在保洁工作中，正确的举止姿态，应是端庄稳重，落落大方，表现出客房清洁员个人的气质、风度、修养。

（1）行走时，要轻而稳，上身正直，抬头带微笑。

（2）在公共场合与他人同行时，不抢道穿行。

（3）同宾客讲话时，要面向宾客，垂手恭立，距离要适当，面带微笑，眼光停在对方眼、鼻三角区，不得左顾右盼，心不在焉，不要倚靠他物。

（4）说话时，不要有指手画脚、伸懒腰、挖耳鼻、剔牙、打饱嗝和修指甲等不礼貌的举止。如要咳嗽或打喷嚏，应用手巾捂住口鼻，面向一侧，并且要避免发出大声。

（5）在工作时，遇到宾客应停止工作，起身问好，与宾客擦肩而过应微笑点头或说声"对不起"。

（6）遇到残疾或有缺陷的宾客，不得讥笑他们，也不准议论，更不能指手画脚或模仿其动作。

三、客房清洁员仪表规范

客房清洁员在工作中着装应整洁、大方、美观，可以给宾客留下一个良好的印象。每个客房清洁员的穿着不仅反映出个人的文化水平和修养，也反映酒店的管理水平。客房保洁服务工作人员的着装最好是统一配制的工作服，上班前换好工装。

客房清洁员服饰要求如下：

（1）西服的穿着。

客房清洁员穿着西服一般应该内衬白衬衫，衬衫要洁白干净。穿着衬衫时，要注意衬衫白领露出部分平整，两袖口露出部分应一致，不能有多有少。

领带一般长度为130~150厘米，领带应系在西服翻领"V"区的中心，领带大箭头垂到裤腰处最为标准。

西服上衣口袋；裤兜不要乱装杂物，以免变形。西服上衣可扣也可不扣，但裤扣要扣好。

（2）普通工作服。

客房清洁员穿着普通工作服要保持整洁，扣好上衣及裤子的纽扣。必须配有内衣，并把内衣下摆塞进裤内，以免工作时露出后背。

女客房清洁员穿着裙装，不要把裙腰系得太靠上，应在胯与腰之间，以免裙子过短。

（3）服饰的要求。

①工作服洁净、挺直，按规定扣好上衣及裤扣。

②保持工作服的形状，上衣及裤兜禁止装杂物。

③上班时一律穿黑皮鞋或黑色布鞋。皮鞋要保持光亮，布鞋要干净无破损，不准赤脚穿鞋。

④服务员上岗期间不准佩戴各种饰物，如手链、项链、耳坠等。

⑤不准穿有破损的工作服上岗，工作制服勤洗，勤更换。

⑥班前应首先面对工作镜检查自己仪表是否符合要求。

⑦服务员要接受岗前主管检查仪容仪表，不合格者不准上岗。

⑧服务员在公共场合必须系好风纪扣。

四、客房清洁员个人卫生规范

作为一名客房清洁员不但要在生活中保持良好的卫生习惯，保持身体健康，在工作期间更应该注重个人卫生，除衣着规范以外，还应注重饮食卫生，禁止饮用刺激较强的饮料和白酒，禁止食用带异味的食物。

五、客房清洁员语言规范

语言是人们用来表达意愿，交流思想感情的工具。人与人之间的联系和交流都得借助语言这一工具才能实现。一个人给别人留下的除仪表的影响外，还有语言。善于说话的人总是受欢迎的。

在我国，普通话是各族人民共同使用的交际语言。它不仅是我们中华民族的母语，而且也是联合国确认和使用的国际性工作语言之一。因此，每一个员工在工作中都应自觉学好、用好普通话。

下面简要列举客房清洁员在工作中应该注意的语言问题：

（1）要求措辞恰当。有时为他人服务，本来出于好心，但因措辞不当可能使人感到不悦。

（2）说话要简练清楚，注意场合，切忌喋喋不休。与人对话时，应该是礼貌、文雅、言简意赅。

（3）与人讲话时，还应注意语言、表情和行为的一致性。与人讲话应把美的语言与恰当的表情，美的行为结合起来，否则语言再美而态度、表情与之不协调，也会给人以不舒服的感觉。

（4）说话要口齿清楚，音量适度，这些不仅有助于表达还给人以美的、亲切的感觉。反之，口齿含混不清，会令人听了不舒服，甚至造成误解。此外，音量适度也很重要。同人讲话，以对方听到为宜，在公共场合大声讲话，或凑到他人耳边小声嘀咕，甚至把口水喷到人脸上，这些都是不礼貌的行为。

（5）保持口腔清洁。与人讲话时，对方很自然地看着你的嘴，清洁的口腔和牙齿会给人好感，如果口腔不洁，说话唾沫四溅，就会使人厌烦。

六、客房清洁员礼节规范

在客房清洁工作中，接触到的客人来自世界各地和全国各地，由于不同国家和地区人们的生活习惯不同，民俗不同，因此使用的礼节也不同。所以不论是服务员还是客房清洁员要想做好服务工作，令客人满意，都要了解不同的礼节，并且能灵活地运用。

1. 问候礼

问候礼是人们见面时互相问候，打招呼的一种礼节，在日常生活中运用较为普遍，是常用也是必用的礼节。客房清洁员在工作中要随时使用问候礼，不论见到客人还是见到领导或同事都要主动打招呼、问好。

问候礼又分为时间性问候和节日性问候。

（1）时间性问候。是在与人见面时，根据早、午、晚大概的时间向他人表示问候，如"早上好""中午好""晚上好"。

（2）节日性问候是在节日时，如"圣诞""新年""国庆""春节"等，与人见面可问候"圣诞快乐""新年好"等。

2. 称呼礼

称呼礼是指人与人打交道时所用的称谓。客房清洁员在工作中要灵活地运用称呼礼。称呼礼使用的好与坏，可以反映出一个保洁公司整体的服务水平。

要恰当地使用称呼礼，就要知道称呼礼中的具体称谓。在社会交往中，一般对男士称呼"先生"，对已婚女士称"夫人"，对未婚女士称"小姐"，对戴结婚戒指或年纪较大的可称"太太"或者"夫人"。

客房清洁员了解了称呼礼，就要随时应用。此种礼节表面看较为简单和寻常，但能够随时和恰当地使用它也是不易的，客房清洁员在工作中要特别注意这个礼节。

3. 应答礼

应答礼是指同人交谈时的礼节。客房清洁员在工作中会不断地遇到和使用此种礼节，如客人向客房清洁员提出问题，向客房清洁员寻求帮助时。

客房清洁员在使用应答礼时要注意以下两点：

（1）解答他人问题时必须起立，站立姿势要好，背不能倚靠他物，讲话语气要耐心温和，双目注视对方，集中精神倾听，以示尊重对方。

（2）帮助他人处理问题时语气要婉转，当无法处理问题时应向对方解释清楚，尽量不说否定语，如"不可以""不知道""没有办法"等。

4. 操作礼

操作礼主要是指在日常工作中的礼节。这种礼节也可以说是一种形体上的礼节，不用讲话，通过形体就可以表现出来。

操作礼需注意以下两点：

（1）工作中着装整洁，注意仪表，举止大方，态度和蔼。工作中禁止大声喧哗，保持工作区域安静。

（2）工作要既轻又快，遇有他人应停下工作，起身打招呼问好后再继续工作，完成工作后不应停留在工作区域。

第二节　客房清洁准备

要使清洁员清楚清扫客房的准备工作程序，做好充分的物品、器具准备工作。清扫房间前要检查以下物品与器具是否已备齐：房务工作车及清洁用品、器具与各类房客用品，如吸尘器，清扫用具、清洁剂，清扫房间所必需的干净床单、枕套、毛巾，以及要放入客房的用品（卫生纸、化妆用品、洗涮用品、茶具、水杯等）和"工作情况表"等。

一、客房清洁整理的准备工作

（一）听取工作安排，签领工作钥匙

客房服务员应按酒店要求着装，准时上岗签到，听取领班工作安排，之后领取客房钥匙和"客房服务员工作日报表"。领用钥匙时应注明领用时间。客房服务员工作时，必须随身携带工作钥匙，严禁乱丢乱放。工作结束后，服务员要亲自交回工作钥匙，并注明归还时间。

（二）了解分析房态

了解房态的目的是确定客房清扫的顺序和对客房的清扫程度，避免随意敲门，惊扰客人。这是清扫客房前必不可少的程序。

（三）确定清扫顺序

客房的清扫顺序不是一成不变的，应视客情而定。因此，客房清洁员在每天开始客房清扫前，服务员在了解自己所负责清扫的客房状态后，根据宾客情况或总台和领班的指示，决定当天客房的清扫顺序。

一般情况下，客房的清扫顺序为：挂有 MUR（Make Up Room）指示的房间，即请速打扫房；总台或领班指示打扫的房间；走客房；普通住客房。

另外，贵宾客房一般采取专人打扫与三进房制或随进随出制。长住房则与宾客协调，定时打扫。同时，根据"房态表"及门上挂牌情况及时了解房态，如有客衣，请及时联系洗衣房。

根据开房的急缓先后顺序，决定清扫房间的顺序。宾客要求尽快打扫的房间应优先清洁整理。

1. 淡旺季客房清洁顺序

（1）淡季时，应按以下顺序进行：①总台指示要尽快打扫的房间；②门上挂有"请即打扫"的房间；③走客房；④贵宾房；⑤其他客房；⑥空房。①②可灵活处理，也不是一成不变的。

（2）旺季时，酒店用房紧张，客房清扫一般要依照下列顺序进行：①总台指示要尽快打扫的房间；②空房，可以在几分钟内打扫完毕，以便尽快交由总台安排预订；③走客房，旺季时，应优先打扫，以便总服务台及时安排其他入住者；④门上挂有"请即打扫"的房间；⑤贵宾房；⑥其他住客房间。

2. 开房率高、低时房间清扫顺序

（1）开房率高时："请即打扫"房，贵宾房，走客房，住客房，长住房，空房。

（2）开房率低时："请即打扫"房，贵宾房，住客房，长住房，走客房，空房。

合理安排清扫顺序，其目的在于既能满足客人的特殊要求，又能加快客房出租的周转。

3. 常用的房态表述

（1）住客房（Occupied，OC）即客人正在住用的房间。

（2）走客房（Check Out，CO）表示客人已结账并已离开的客房。

（3）空房（Vacant，V）暂时无人租用的房间。

（4）未清扫房（Vacant Dirty，VD）表示该客房为没有经过打扫的空房。

（5）外宿房（Sleep Out，SO）表示该客房已被租用，但住客昨夜未归的客房。

（6）维修房（Out of Order，OOO）亦称"病房"表示该客房因设施设备发生故障，暂不能出租。

（7）已清扫房间（Vacant Clean，VC）表示该客房已经清扫完毕，可以重新出租，亦称 OK 房。

（8）请勿打扰房（Do not Disturb，DND）表示该客房的住客因睡眠或其他原因而不愿被服务人员打扰。

（9）贵宾房（Very Important Person，VIP）表示该客房住的是酒店的重要客人。

（10）常住房（Long Stay Guest，LSG）即长期由客人包租的房间。

（11）请即打扫房（Make Up Room，MUR）表示该客房住客因会客或其他原因需要服务员立即打扫的房间。

（12）轻便行李房（Light Baggage，L/B）表示住客行李很少的房间。

（13）无行李房（No Baggage，N/B）表示该房间的住客无行李，应及时通知总服务台。

（14）准备退房（Expected Departure，E/D）表示该客房住客应在当天下午 2：00 以前退房，但现在还未退房的房间。

（15）加床（Extra Bed，E）表示该客房有加床。

（16）双锁房（Double Lock）。住客在房内双锁客房，服务员无法用普通钥匙打开房门。

（17）NNS 房（No Need Service）指客人在酒店住宿期间拒绝任何服务的房间。

（四）准备房务工作车

工作车是客房服务员清扫整理房间的重要工具，房务工作车的准备步骤如下表所示，布草车中各物品的摆放都要严格按照要求。工作车和清洁工具的准备工作，应该在每天下班前做好，第二天进房前还要再检查一次。

工作车是客房服务员清扫整理房间的重要工具，房务工作车的准备步骤如下：

（1）清洁工作车。用半湿的毛巾将工作车里外擦拭干净，并检查工作车有无损坏。

（2）挂好布草袋和垃圾袋。将布草袋和垃圾袋分别挂在工作车的两侧。

（3）放置干净布草。将干净的布草分别放入工作车的格中。

（4）将客房用品摆放在工作车中和工作车的顶架上。

（5）准备清洁桶和清洁用具。将清洁桶放置在工作车的最底层外侧，内放清洁用具。

（6）准备干净抹布若干条，可以用不同颜色区分。

（7）检查工作车上客用品及工具是否齐全。将工作车靠墙放置，不要离门太近，以免妨碍他人。

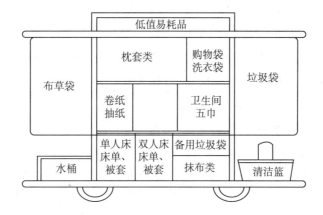

（五）检查着装

具体内容请参考客房清洁员仪表规范。

（六）进入房间

敲门前，请首先检查一下房门是否挂着"请勿打扰"牌或上"双锁"。

二、客房清扫的一般原则与操作程序

（一）客房清扫的一般原则

1. 从上到下

例如，抹衣柜时应从衣柜上部抹起，擦洗卫生间和用抹布擦拭物品的灰尘时要从上到下。

2. 从里到外

地毯吸尘，必须从里面吸起，从里向外；擦拭卫生间地面时也要从里到外。

3. 先铺后抹

房间清扫应先铺床，后抹家具及其他客房用品。如果先抹尘，后铺床，铺床扬起的灰尘就会重新落在家具上。

4. 环形清理

家具物品的摆设是沿房间四壁环形布置的，因此，在清洁房间时，应按顺时针或逆时针方向进行环形清扫，以求时效和避免遗漏。比如，擦拭和检查卫生间、卧室的设备用品的线路时，应按照顺时针或者逆时针进行，以免遗漏死角，更重要的是可以节省体力。

5. 干湿分开

在抹拭家具物品时，干布和湿布要交替使用，针对不同性质的家具，使用不同的抹布。例如，房间的镜、灯罩、电视机屏幕、床头板、卫生间的金属电镀器具等只能用干抹布擦拭，以免污染墙纸和发生危险。

6. 卧室、卫生间的优先问题

住客房先卧室后卫生间：这是因为住客有可能回来，甚至带访客回来，先将客人的卧室整理好以便客人归来有安身之处，卧室外观整洁，客人当着访客面也不会尴尬。此时，服务员留下来做卫生间也不会有干扰之嫌。

（二）客房清扫操作程序

按规范要求进入房间→拉开窗帘、开窗、开空调→撤走房内用餐的餐车、餐具，撤走用过的茶杯、清理垃圾→撤床→做床→抹尘→补充房间用品。

清洁整理卫生间→补充房间用品→吸尘→检查→关灯、关门→填写清洁报表。

按照酒店规定的进入客房的规范开门进房，将房门完全打开（可用门吸把门固定好），直到该客房清扫完毕。开门打扫卫生的意义有 3 点：①表示该客房正在清洁；②防止意外事故的发生；③有利于客房的通风换气。

（三）开门的要求标准

敲门进房与为客开门是客房楼层员工一项既平常又重要的工作之一，基本内容包括楼层员工敲门前的准备工作、肢体表现、规范语言、注意事项和安全防范意识等。

注意事项如下：

1. 敲门进房

（1）传统模式。

①敲门时应距房门 30 厘米左右，正视窥视镜，用右手指关节轻扣房门三下，声音不要太大，以客人听清为宜，并报身份"Housekeeping"，客房服务员。

②如有回音，则回答："我是客房服务员，能进来吗？"如是外宾则说："House-keeping. May I come in?"并等客人开门。

③如无回音（等五秒）再敲三下（稍重），如无反应则用钥匙开门，门开至45°，再次敲门并报身份。

④如客人在房间，要等客人开门或经客人同意后方可进入房间，首先向客人问候，并询问是否可以打扫房间，如客人不允许应立即道歉退出房间关好房门。

⑤清扫房间时应保持房门敞开，以免客人回房时产生误会，同时可以通风换气。服务员进房清扫时，为了安全着想，将工作车堵住房门，若有人推车进门，服务员可以听见，防止意外事故发生；但若有客人在房内时，工作车只需挡住房门的一半。也有一些酒店建议关门清扫，并在门把手上悬挂"正在清洁"的牌子。

切忌下列不礼貌之举：

①敲门用力过大或用手掌反复拍门。

②进房前从门缝或门窥镜向里看，或耳贴房门倾听。

③敲门后不经过客人允许或不敲门突然进房。

④进房后采取就座方式与客人谈话。

⑤进房后关闭房门（尤其是女宾客的房间）。

（2）现代模式。

通过各种高科技手段和设备。例如，一些较新的酒店在房间内会装人类活动探测器，一定时间内无人活动，门外的状态灯就会熄灭，反之则亮着。服务员可以根据灯光来决定是否进屋打扫。由于房间有间隔和死角，因此每个客房需要安装的探测器数量从四个到更多不等。安装位置在天花板上，探测器形状有点像微型的钟乳石。

2. 为客开门

（1）如果能确定客人住在哪一间房，要立即为客人开门，但不要开错门，并认真检查客人的房卡和欢迎卡（开门的程序同上）。

（2）如果客人要求开门，而又不清楚客人住哪一间，可以让客人出示房卡和欢迎卡；如客人拿不出房卡和欢迎卡，应让客人说清楚房间的行李和物品，并打电话到前台进行核对后方可开门（需要办理或补办房卡的应主动请客人到前台办理手续）。

（3）千万别给不认识的人开门。

（4）对于访客。如果房内的客人不在，不要让访客在楼层和房门口等，更不能开门让访客在房间里等，应让访客在大堂休息处等候，或留言在服务台。

（5）对于外来送货者。不能打开房门给送货者，也不能代收，更不要让送货者到客人房间里。房主不在时，应请送货者到行李部，由行李部代保管。

（四）其他注意事项

（1）不得在客房内吃东西、看报纸杂志（特别是客人的书刊）。

（2）不得使用客房内设施。

（3）清理卫生间时，应专备一条脚垫。

（4）清洁客房用的抹布应分开使用。

（5）注意做好房间检查工作。

（6）不能随便处理房内"垃圾"。

（7）浴帘要拉开通风透气。

（8）电镀部位要完全擦干。

（9）不得将撤换下来的脏布草当抹布使用。

（10）拖鞋应摆放在床头柜下。

（11）卫生间内物品的摆放，要注意将商标面对客人。

三、客房的类型

1. 按照客房类型划分

一般酒店的客房类型设置大概有如下几种。

（1）单人间：一间面积为16~20平方米的房间，内有卫生间和其他附属设备。房内设一张单人床。一些酒店推出的经济间或特惠间一般也属于单人间之列。

（2）标准间：房内设两张单人床或一张双人床的叫标准间，这样的房间适合住两位客人或夫妻同住，适合旅游团体住用。

（3）商务间：房内设两张单人床或一张双人床，一般情况房内都是可以上网的，以满足商务客人的需求。

（4）豪华间／高级间：房内也是设两张单人床或一张双人床，只是房间的装修、房内设施比标准间档次高，其价格也比标准间高一些。

（5）行政间：多为一张双人床，此类型房间单独为一楼层，并配有专用的商务中心、咖啡厅。

（6）套间：由两间或两间以上的房间（内有卫生间和其他附属设施）组成。

（7）双套间：一般是连通的两个房间。一间是会客室，一间是卧室。卧室内设两张单人床或一张双人床。这样的房间适合夫妻或旅游团住用。

（8）组合套间：这是一种根据需要专门设计的房间，每个房间都有卫生间。有的由两个对门的房间组成；有的由中间有门有锁的隔壁两个房间组成；也有的由相邻的各有卫生间的三个房间组成。

（9）多套间：由三至五间或更多房间组成，有两个卧室各带卫生间还有会客室、餐厅、办公室及厨房等，卧室内设特大号双人床。

（10）高级套间：由七至八间房组成的套间，走廊有小酒吧。两个卧室分开，男女卫生间分开，设有客厅、书房、会议室、随员室、警卫室、餐厅厨房设施，有的还有室内花园。

（11）复式套间：由楼上、楼下两层组成，楼上为卧室，面积较小，设有两张单人床或一张双人床。楼下设有卫生间和会客室，室内有活动沙发，同时可以拉开当床。

部分酒店也会根据其所处的地理位置推出海景、山景、江景房等，或根据房间的特性来命名房间名称，但一般房内配置不会发生太大变化，如海景房或山景房基本属于豪华间的范围。

2.按功能划分

按功能划分，客房类型可分为：

①残疾人客房；②海景客房；③市景客房；④亲子客房；⑤园景客房；⑥其他。

第三节　客房房间清洁

一、不同客房状态的清洁程序

（一）走客房

接到前台通知后，迅速来到客房，对客房进行检查，检查要点为宾客有无遗留物品，房间的设备与家具、物品有无损坏及丢失，房客的迷你吧与饮料消耗情况。如有以上情况，立即通知前台及领班，并进行登记；对卫生间各个部位进行严格的洗涤消毒；清扫合格后，立即通知总台。

走客房清扫的流程如下：

走客房先清扫卫生间后清扫卧室，可以先将被褥掀开，让弹簧床垫和毛毯透气，达到保养的目的。

1.清理卫生间的流程

（1）开：进浴室后，要先开灯，开排风扇，给马桶冲水。

（2）撤：撤出用过的棉织品，并核对数目看有无短缺；撤出用过的口杯；浴室有衣架要把它撤回衣柜，把浴室各个角落的垃圾收到垃圾桶倒掉。

（3）刷：使用专用清洁剂和消毒剂分别对面盆、玻璃台面和马桶、地面进行刷洗和消毒，然后再用清洁剂把浴室墙壁刷洗一遍，并冲干净（面盆、台面、墙壁用洗涤灵，马桶用洁厕灵，地面用去污粉，使用洁厕灵时应配比1:5，洗涤灵的比例为1:1）；防止交叉污染。

（4）擦：①用专用抹布，分别对面盆、玻璃台面和马桶进行擦干擦亮，尤其注意房间的不锈钢物品，一定不能有水迹，必须擦亮，并要注意下水口部位必须无脏物，流水通畅，擦马桶也要由里到外，层层擦干（包括马桶沿、坐板、盖、马桶后边及水箱等）；②擦墙壁，要把浴室各个角落擦得到的地方都擦到，尤其马桶后边、门后边；③擦浴室的镜子，要用一块湿抹布和干净枕袋，如果有的用抹布擦不干净，则先用药水打一下再冲干净，擦亮，要求做到无水点、花印；④用抹布分别对浴室、门、浴帘杆、门把手、门下百叶、三巾架、卫生间棚顶进行擦拭；⑤补：玻璃台上备有两个淋浴液、两个洗发液、两个浴帽、一个棉签、两个梳子、两个牙具，都要摆放整齐；口杯两个并套好杯套，将卫生纸卷套在手纸盒横杆上，下端拉出折成三角形，毛巾两条，摆入时注意将毛巾纵向对折，放在毛巾架上，两条同样，毛边朝里齐边朝外；摆放浴巾两条，先将浴巾横向三折，然后纵向三折，摆放齐边朝外，毛边向里；⑥擦浴室地面，先用湿抹布由里到外彻底擦一遍，然后用抹布再彻底擦一遍，尤其注意马桶后边、台面下边等地方。

2. 清理卧室的流程

（1）拉：清扫房间时，必须先拉开窗帘，打开窗户，拉窗帘时要检查窗帘是否有脱钩或被损坏的现象，如房间有异味，可适量喷洒空气清新剂。

（2）倒：将垃圾桶内杂物倒干净。

（3）撤：撤出用过的脏杯子，及时更换。本着高效节能的原则，清洗、消毒工作安排在楼层消毒间，统一清洗、消毒。如果走客房间里有餐具，通知餐饮部。撤床单、被套、枕套放入布草袋里，并拿干净的放回房间，如有损坏布草及时送回布草房。

撤床时应注意以下3点：

①如发现床单等床上用品被客人弄脏、洗不掉，要礼貌提醒客人，根据规定进行索赔。

②在撤床上用品时要注意看是否裹有客人的衣物，在撤枕套时注意下边有无客人遗留的手表、耳环、戒指等小物品。

③撤下的床单等物品不准扔在地上。

（4）铺床：酒店一般常用中式铺床。中式铺床的流程如下：

①拖床。将床拖出约30厘米。

②甩单定位。一次到位，不偏离中心线，毛边向下，床面无皱褶。

③包角。四个角式样、角度一致，四个角均匀，角缝平整紧密，床角两侧塞进床垫，平整无波纹，床头床尾塞进床垫，平整无波纹。

④套棉被。被芯装进被套内，动作合理、优美、熟练、迅速，棉被定位一次成形，棉被套好定位后四角饱满、均匀平整，无皱褶。被套中心线与床单中心线对齐，封口绳结头朝内，不露绳头，棉被首部与床头边等齐，棉被尾部自然下垂至床垫和床裙接缝处。

⑤套枕头。动作合理、优美、熟练、迅速，四角饱满、枕芯不外露，枕头外形平

整，挺括，枕头开口处与床头柜相反，枕头居中，枕头边与床两侧距离相等。

⑥铺床尾垫。中缝对齐，两边下垂相等，床尾下垂约1厘米。

⑦推床归位。将床推至床头归位。

（5）擦尘。擦尘应准备两块抹布，一干一湿，干的用来擦电器，湿的用来擦家具。擦尘要按照房间的顺时针方向或逆时针方向进行，顺序是从上到下从里到外，依次擦干净，做到不漏项，动作轻捷，擦一件家具设备就检查一项。其顺序是：

①先从门、门框擦起，擦门时应该把门牌、门框、门面、门锁擦干净，并检查门锁是否有异常现象，而且里外都要擦，以防日久积尘，可保持门的整体干净。

②踢脚板：擦尘擦到什么部位，就要顺手把踢脚板一块擦过。

③衣柜：衣柜上端设一横杠，摆放有衣架，也必须擦。

④柜子内有保险箱，清理时一定小心细致；要把衣架杆、衣柜、上下几层衣架都擦干净，并要检查衣架是否齐全，有无损坏。

⑤电源控制闸板也要用干布擦干净，并检查插线板是否有松动或异常现象。

⑥行李架和写字台电视柜前端对齐，间距一致。客走后，要把行李架稍拉出一点，要把行李架的四周都擦干净。

⑦写字台由里到外需彻底擦干净，包括抽屉里面。在擦尘时，检查补充的物品是否短缺。

⑧沙发：检查沙发是否干净，注意沙发有无松动、污渍、烟洞等现象，沙发缝隙要用手轻轻摸一圈，检查是否有遗留物品。

⑨电视机：擦电视机要用干抹布，关掉电源，然后再擦；还要把电视机前后，尤其是爱聚尘的地方擦干净。

⑩窗台：擦窗台时要把里边、外边的窗台擦干净，包括窗槽、护栏、窗轨，擦完后，把窗户关好，做到没有布毛。

⑪床头板：擦时要注意，不要让湿抹布触及墙面，如不注意，时间一长，就会把墙面擦黑，影响整个房间美观。

⑫床头柜：擦时先把床头柜拉出一定距离，是为了检查后面掉没掉东西，便于擦尘，上下两层都要认真擦干净。

⑬壁画：房间壁画离地面较高，所以擦拭要踩上东西去擦，但一定要在脚下垫上报纸，切忌直接踩在家具上，只要把玻璃面和镜框四周擦干净。

⑭垃圾桶：要把垃圾桶里外擦干净，按规定放好。

（6）补：补就是擦完尘之后，检查房间物品所缺数量，一次带齐一次配齐，做到不丢忘，不跑冤枉路。

（7）观：最后在浴室门口环顾一下里边，看有无漏洞，再把门关上45°左右。

（8）锁：最后退出房间锁门，并检查门锁有无毛病，使用是否灵活。

（9）登：填报表，把出房时间和工作所用时间按规定填写清楚，注意绝不允许漏登记时间和乱编时间的现象发生。

房间卫生标准要达到：房间、家具、设备无尘土，地面干净无杂物；墙面清洁无挂土，玻璃、镜面无污渍，室内清洁无死角；要注意房间设备的日常保养，对自己所管辖的卫生区域设备要心中有数，经常检查，发现有问题及时向上级汇报；负责本楼层各种棉织品的送洗工作，每日送洗数目要准确无误，如有问题及时交接并向领导汇报。

（二）住客房

住客房清扫前礼貌敲门，注意事项前文客房清扫操作程序中已做详细介绍。

如发现客人在睡觉，就不用敲门通报，也不能进房，而是将房门轻轻关上，如发现已惊扰即道歉，退出房间，关好房门；如客人在房，要立即礼貌地询问是否可以进行客房清扫服务，征得客人同意方可进入。客人在房间时，快速清洁好卧室，退到卫生间继续清洁，避免长时间打扰客人。客人不在房间时，依然按照先卧室后卫生间的顺序，快速清洁好卧室，以免客人突然回来影响客人，如果客人中途回来，卧室已经整理好，可以在卫生间清扫，避免影响客人。

具体要求如下：

（1）清点客房的物品，包括巾类。

（2）撤床时，床单要预防夹带有客人或者酒店物品，必须一件一件撤。

（3）客人衣服不能移动，必要时轻拿轻放。清扫完毕放回原处，如发现现金和首饰等贵重物品应及时汇报。

（4）如损坏客人物品应及时如实向主管反映，主动向客人赔礼道歉。如果是贵重物品，应该由主管陪同前往征求客人意见，如果客人要求赔偿时由客房部出面给予赔偿。

（5）清扫时将客人的文件、杂志、书报稍加整理，但不能弄错位置。客人阅读的报纸、台面卡片、纸条等除了丢在垃圾桶内的东西，其他都不可以丢掉。

（6）写字台上放有客人的文件图纸之类，擦时不要移动。把周围的尘擦净即可。如放有客人物品，要把它轻轻拿起，擦完后再放回原位。不可随意丢弃放于桌上、床头柜或床的角边。

（7）睡衣、裤、袍折叠好放于枕边，西服用衣架挂好，拖鞋放于床边。

（8）客人未饮完的饮料，暂不要清洗与调换，清理房间时在杯具上放一个杯盖以免灰尘进入。

（9）关闭所有电器，只留廊灯；客人原来关闭的灯必须打开检查后再关闭。关注客人是否正在充电。

（10）除放在纸篓里的东西外，即使是放在地上的物品也只能替客人做简单的整理，千万不要自行处理。

（11）女性用的化妆品可稍加整理，但不要挪动位置，即使化妆品用完了，也不得将空瓶或纸盒扔掉。

（12）需特别留意不要随意触摸客人的照相机、手提式电脑、笔记本和钱包等物品，并做记录。

（13）清洁浴室时注意客人的物品，许多客人是自带牙膏、牙刷、毛巾，有的客人冲凉时喜欢把金戒指、金项链等放在脸盆里泡，清洁时注意看清楚。

（14）贵重东西不要动，禁止翻阅客人物品、杂志或其他用品。

（15）不得接听打到房间内的电话，更不能接听客人留在房间的移动通信设备。也不可以使用房内的固定电话，以免引起不必要的麻烦。

（三）长住房

要严格按照客人要求的时间进行打扫。一般有固定清洁员根据客人的生活习惯进行清洁。

（四）空房

每天对空房进行抹尘，把水管的积水放掉，并把水擦干。

（五）维修房

维修部门维修完毕后，跟进打扫卫生。进行抹尘，把水管的积水放掉，并把水擦干。

二、客房抹尘

抹尘是客房清洁最频繁最重要的一项工作。客房清扫人员在抹尘时，要注意下列事项：

（一）基本方法

（1）从上到下。在清洗卫生间和房间抹尘时，应采用从上到下的方法进行。

（2）从里到外。卧室地毯吸尘和擦拭卫生间地面时，应从里到外倒退着进行。

（3）环形整理。即在房间抹尘，检查房间和卫生间的设备用品时，应从房门口开始，按照顺时针或逆时针方向绕圈进行，这样可以避免出现卫生死角或重复整理，既省时、省力又提高清洁卫生的质量。

（4）干湿分用。应严格区分擦拭不同家具设备及物品的抹布，做到干湿分用。例如，房内的灯具、电视机屏幕、床头板、镜子等处只能用干抹布，不能用湿抹布，否则易发生危险或污染墙面等。

（5）抹布折叠使用。擦拭家具设备、物品时，不论是干抹布还是湿抹布，都应折叠使用，这样可以提高抹布的使用率，有利于提高清扫速度，保证客房清洁卫生质量。

（6）先铺后抹。房间清扫应先铺床，后抹家具物品。如果先抹尘后铺床，扬起的灰尘就会重新落在家具物品上。

（二）顺时针或逆时针擦拭浮尘

房门全面性擦拭，房间家具电器擦拭，细节物件擦拭。

（三）抹尘技巧

（1）抹尘最好使用半湿的工作巾，可以减少一次抹尘程序。

（2）试抹家具表面时，留意有没有碎片或玻璃在家具上面。

（3）抹灯泡前首先灭掉灯或待灯泡冷却。

（4）抹装饰物上面的灰尘应该小心。

（5）抹高处时，要安放妥当梯子，并需另一人扶稳梯子。

（6）用干布去抹电器。

（7）蹲下清洁时小心碰头。

（8）要顺着方向抹尘，以免浪费时间。

（9）抹尘时要留意家具是否损坏，有无污渍，用品是否需补充。

（10）抹布可折叠使用，污后要清洗干净或更换新的。

（四）擦拭方法

1. 干擦

抹布一般是沾湿后使用。但有些表面，如高档漆面、铜面、不锈钢面、白墙面等，不宜经常湿擦，日常清洁时可用于抹布擦拭灰尘。操作时，就像抚摸似地轻擦，以去除微细的灰尘。如果用力干擦，反而会产生静电黏附灰尘，同时会损伤被擦物表面。

2. 半干擦

对于不宜经常湿擦的表面，用干擦又难以擦净的，可用半湿半干的抹布擦拭。

3. 湿擦

去除建筑材料及设施表面的灰尘、污垢时，可用湿擦或水擦。湿抹布可将污垢溶于水中，去污除尘效果好。使用时，应经常洗涤擦布，保持抹布清洁。

4. 加清洁剂擦

为去除不易溶于水中，含油脂的污垢，可用抹布沾上清洁剂（如全能清洁剂或起渍水、洗洁精等）后擦拭。然后再用洗净的抹布擦去清洁剂成分。

5. 特殊工具擦拭

有些污垢用一般抹布擦不掉，可用百洁布，或刀片等工具去除。

（五）擦拭要点

（1）选用柔软、吸水性强、较厚实的棉质毛巾做抹布。使用时可将毛巾折3次，叠成8层（比手掌稍大），一面用脏后再用另一面。不可用脏抹布反复擦拭，否则会损伤被擦物的表面。

（2）将作业所需的数条抹布拧干备用，可提高工作效率。

（3）擦拭时应从右至左（或从左至右）、先上后下，将被擦物全部、均匀地擦遍，不要落下边角，不要漏擦。

（六）抹尘的流程

1. 房门

应从上到下，用湿抹布将门、门框抹净，并用干抹布擦房号牌及门锁。检查门锁是否灵活；"请勿打扰"牌、防火疏散图是否完好，有无破损或污迹。

2. 衣橱

擦拭衣橱时应从上到下、从里到外抹净。检查衣架数量是否齐全，并挂好；检查鞋篮是否完好，篮内物品如拖鞋亮鞋器或擦鞋布、洗衣袋等是否齐全。

3. 行李架

用湿抹布擦行李架内外、表面和挡板，并摆放好其位置，与写字台边相隔5~10厘米，与墙壁间隔5~10厘米。

4. 电视机

擦净电视机外壳和底座的灰尘，必要时用专用干抹布（柔软抹布如绒布）擦净电视机屏幕，并摆正其位置，与写字台正面边沿相距10厘米，同时打开电视机检查有无图像，频道选用是否准确，色彩是否适度。检查电视节目单是否完好，摆放是否符合要求。用湿抹布将电视机柜里外、上下各处擦拭干净。

5. 写字台、化妆台

（1）擦拭梳妆镜要先用湿布擦，再用干布擦拭。擦拭完毕，站在镜子侧面检查，看镜面有无布毛、手印和灰尘等。

（2）用湿抹布擦净写字台台面，检查文件夹内有无短缺和破旧的物品，为添补物品做好准备。

（3）擦净椅子（注意椅子脚及桌脚的擦拭）。

6. 窗台

用湿抹布擦拭窗台、窗轨。落地窗则不必。

7. 沙发、茶几沙发、扶手椅的软面

可用干抹布掸去灰尘，用湿抹布擦拭扶手椅的木档。茶几可用湿抹布擦拭。

8. 床头板

用干抹布擦拭灯罩灯泡、灯架和床头板，注意床头灯的位置和灯罩接缝朝墙。用湿抹布擦去电话机及话筒上的灰尘及污垢，电话线不能打结，同时应检查电话是否正常，然后放好电话机。

9. 床头柜

（1）用湿抹布擦净床头柜板面。检查"请勿在床上吸烟"牌、电视遥控器、便笺夹等物品是否齐全，有无污迹或破损。

（2）用干抹布擦拭床头柜控制板，并检查各种开关，如有故障，应立即报修，并做好记录。

10. 空调开关

用干抹布擦去空调开关上的灰尘，将空调调至酒店规定刻度。

11. 卫生间抹尘

准备好干、湿抹布，从卫生间门开始依次用半湿抹布擦拭卫生间门的内外、镜面、洗脸台四周瓷壁等处，再用干抹布将镜面、金属器件擦亮。

12. 清洁地面

用专用湿抹布从里到外，沿墙角平行擦净整个地面。

注意：与墙纸相接的家具、镜面、金属物品、电器液晶面等均用干布。家具电器外框、电话外壳可用湿布。抹尘时，要顺时针方向从上到下，从里到外，不漏项，既迅速又认真，抹尘的同时还应检查设施设备。

三、客房清洁作业中常见的问题与对策

在客房提供的各项服务过程中，经常会出现许多常见的问题，处理这些问题的对策规范与否，直接关系到酒店整体的服务质量和服务水平。而且客房服务的特性不具备预见性、储存性和补救性，所以要处理好这些常见的问题，就必须具备分析能力和应急技巧能力。

（1）在清理客房时，尽量避免干扰住客，最好趁住客外出时或住客有特别吩咐之时才做，但必须抓紧时间，不要等到住客回来还未整理好。

（2）旅客入住房间后，服务员必须亲切招待，详细说明房间内的设备及其使用方法。

（3）如遇有没办法完成的任务时，应填写报表，以免脱节遗漏。

（4）住客喝醉时，需要特别照顾；遇有患病，或长时间挂着"请勿打扰"牌或房内上双重锁而未步出过房间之住客，均须提高警觉，以防意外事件发生，并马上报告上级领导。

（5）如果房内发生争吵、聚赌或吸毒等情形，须迅速报告上级领导。

（6）在整理房间时，必须打开房门。清洗浴室时，要特别提高警觉，提防任何非该房住客的人进房。

（7）在整理房间时，若发现住房内有大量现钞、贵重物品、军火、毒品等，应迅速通知上司处理。

（8）在住客退房时，须特别留意房内之公物，是否被拿走或损坏，如发现必须立即报告。

（9）不可收取任何客人的小费。

（10）住客不停地饮酒，可能不曾进食，这时服务员应通知楼层领班处理。领班会通知值班经理，值班经理会忠告住客。服务员更需特别留意这类住客，因为住客不停饮酒可能会导致生命或健康危险。

（11）住客带朋友回房，服务员须马上通知楼层领班，并记录好，以防住客日后报失财物。根据酒店规定，访客若超过午夜 12 时，必须注册。

（12）如遇登记时只注册一人居住其后则带大量亲友到来居住的情况；服务员须向领班报告，领班便会通知值班经理加以处理。

（13）住客故意毁坏酒店物品或设备，服务员应马上通知领班转告值班经理处理。

第四节　夜床清洁

为了提升酒店差异化、个性化服务及宾客满意度，酒店提供夜床服务，针对客源为会员 / 高级入住房型 / 协议客户等（只针对住房）。服务时间 18：00 以后（各连锁店根据入住率可控制在 1~2 小时内完成）。

一、服务流程

（1）如果遇到房门挂"请勿打扰"牌，则不用提供夜床服务。

（2）未挂"请勿打扰"牌的房门，服务员正常按敲门流程。

（3）如客人在房，则服务员采用以下标准术语。

先生 / 女士，晚上好！非常感谢您入住 ×× 酒店。我是客房服务员。现在是夜床服务时间。我将为您简单清理一下房间，送上我们酒店特地为您精心准备的点心与水果，您看可以吗？

（4）如果客人不同意，则不用提供夜床服务；如果客人同意，则缓慢进入房间并开始夜床作业。

（5）如客人不在房，除不与客人交流外，其他按要求操作。

（6）针对每间客房及客人特制的"温馨提示"卡。

二、具体工作

（1）开启房内廊灯。

（2）空调温度设置（冬天 23℃，夏天 26℃）。

（3）将点心或水果放在被子开口方向的床头柜上（按照房型与客人身份的不同标准进行配比）。

（4）将"温馨提示"放在床头柜处。

（5）简单清理房内垃圾，更换垃圾袋。

（6）关闭客人窗帘。

（7）整理床头柜与家具上物品，并摆放整齐。

（8）将拖鞋收好放在床边（被子开口方向）。

（9）将被子上半部分靠床头柜一角叠起成 90°。

（10）如遇标准间入住两人，则两张床均要开启；如遇标准间入住一人，则开启客人动用的一张床即可。

（11）如遇客人文件及物品摆放在床上，就地整理。

（12）贵重物品及钱包请勿移动摆放位置。

（13）清理客人使用过的烟缸（如是吸烟房）。

（14）整理摆放卫生间已使用过的巾类及洗漱用品。

（15）电视机调至中央一台。

（16）将卫生间台面与面盆擦拭干净。

（17）添加卫生纸并检查马桶是否干净。

（18）将地巾铺在卫生间与淋浴池交汇地面处。将防滑垫放在淋浴室规定位置，将浴室门推开或者拉开一半即可（酒店客房常有推拉或开关两种门）。

（19）关闭卫生间门至 30°。

（20）工作结束后，请关闭除床头灯以外的任何灯光。

（21）礼貌地与客人道别，并轻轻关闭房门。

（22）如遇工程问题，请事后报修工程部。

第五节 客房计划卫生

客房计划卫生是酒店非常重视的工作内容之一。它关乎酒店设施设备的使用寿命和使用功能，降低设施设备的折旧率。定期对客房设施设备进行计划卫生，也可以达到对设施设备的维护和保养的目的，使其处于良好的工作状态，减少隐患，保证住客安全，为酒店安全提供保障。

一、客房计划卫生清洁的意义

客房的计划卫生是指在日常客房清洁的基础上，拟定一个周期性清洁计划，针对客房中平时不易或不必进行清洁的项目，采取定期循环的方式做彻底的清洁保养工作的客房卫生管理制度。对清洁卫生的死角、容易忽视的部位及家具设备进行彻底的清扫和维护保养，其最主要的意义在于在不增加服务员日常劳动强度的情况下同样能保证客房的卫生质量，以进一步保证客房的清洁保养质量，维持客房设施设备良好状态。

客房服务每天的整理清扫工作，一般工作量都比较大。例如，一个客房清扫员的工作量是平时每天12间左右甚至更多，所以不可能对他所负责的房间或区域的每一个角落、每一个部位进行彻底的清洁保养。另外，不论楼层还是公共区域，有些家具、设备不需要每天都彻底清洁，但必须定期进行清理。

二、客房计划卫生的组织

楼层计划卫生项目及时间安排表和客房计划卫生项目都有具体的操作步骤。针对不同的项目，客房的计划卫生应按不同的时间周期进行。如每天清洁地毯、墙纸污迹；两三天用鸡毛掸清洁壁画1次；5天清洁卫生间抽风机机罩1次。保证客房设施设备处于良好状态，不论客房楼层还是公共区域。有些家具设备不需要每天都进行清扫整理，但又必须定期进行清洁保养。

例如，电冰箱除霜一般是半个月进行一次，每季度要对地毯彻底清洗，每年要对红木家具打蜡等，以维持客房设备的良好状态。

客房的计划卫生通常有如下三种方式：

（一）要求客房清洁工每天大扫除一间客房

要求客房服务员每天大扫除一间客房。例如，要求客房服务员在他所负责的14间客房中，每天彻底大扫除1间客房，14天即可对她负责的所有客房做一次计划卫生。

（二）规定每天对客房的某一部位或区域进行彻底大扫除

规定每天对客房的某一部位或区域进行彻底的大扫除。除日常的清扫整理工作外，可规定客房服务员每天对客房的某一部位进行彻底清洁。这样，经过若干天对不同部位和区域的彻底清扫，也可完成全部房间的大扫除。

（三）季节性大扫除或年度大扫除

季节性大扫除或年度大扫除，是指集中在淡季对所有客房分楼层进行全面的大扫除。一个楼层通常要进行一个星期，必要时可请前厅部对该楼层实行封房，并与工程部联系，请维修人员利用此时对设备进行定期的检查和维修保养。

客房的计划清洁对客房中平时不易做到或无法彻底清理的项目进行清洁。例如地板打蜡、地毯吸尘、擦窗、家具除尘及打蜡、清扫墙面、卫生间清洁消毒等。

三、制订计划

（一）每日计划清洁

每日计划清洁指在完成日常的清扫整理工作外，每日都计划性地对客房某一领域或部位进行彻底的清理。

（二）季节性及年度性计划清洁

清洁范围较大的是季节性年度性的计划清洁，不仅包括客房家具，还包括各项设备及床上用品。由于目标较大，时间较长，所以季节性与年度性的计划清洁一般在淡季进行，而且必须与前厅部与工程部密切合作，以便对某一楼层实行封房，方便维修人员进行设备检查。

（三）落实计划及进行检查

客房部拟订计划后，要落实和检查计划清洁的工作。一般由领班负责督促清洁员完成当天的计划卫生任务，并进行检查。

（四）安排清洁用品

进行计划清洁一定要事先安排清洁所需的设备和用品，否则可能浪费清洁剂，降低清洁保养效果。

四、客房日常单项计划卫生

（一）周计划循环表

时间	内容
星期一	卫生间墙壁清洁
星期二	清洁房间玻璃内侧

续表

时间	内容
星期三	清洁房间暖气片隔板
星期四	清洁电话机的坑位并对电话机、遥控器进行消毒清洁
星期五	房间写字台侧面及地脚线的清洁
星期六	沙发底部及床头柜底部的清洁
星期日	垃圾桶内外清洁

（二）工作要求

（1）每天由楼层当值早台班负责把当天客房单项计划卫生内容填写在卫生班日报表的备注栏内。

（2）楼层卫生班按照卫生班日报表上注明单项计划卫生内容要求，在客房清洁时要特别注意并认真完成。

（3）楼层领班要根据当天单项计划卫生的内容认真督导，落实到位，严格把关。

五、客房月度周期计划卫生

（一）制订工作计划

（1）月度周期计划卫生是以一个月为周期。

（2）管理人员要严格按规定中的周期计划和工作量安排卫生清洁工作。

（3）管理人员要对员工进行培训，明确操作要求和卫生标准，加强过程中的督导检查，把好质量关和效率关。

（4）员工在进行周期卫生清洁前，要向前台了解清楚房态，按规定要求进入和离开房间。清洁过程中要挂清洁牌，清洁完成后要复原房间的卫生和物品摆放。

（5）每项计划卫生的完成，除在工作日报表上填写清楚内容、完成时间外，还要及时、准确填写客房部每月度计划卫生完成情况记录表，并由经理签名确认。

（6）如因有客人在房间而不能完成的卫生计划要交下一班员工跟办，或由主管另外安排，但要做好文字交班记录，确保工作的延续性。

（7）在清洁操作过程中，要严格执行"三轻"的管理要求。

（8）客房部月度计划卫生完成情况记录表每层楼一个月一份，张贴在楼层工作间，每一个月最后一天交给部门经理检查和存档。

（二）具体清洗工作

1.空调出风口板

（1）耗用时间：每间房耗时 8 分钟。

（2）劳动工具：茶水车、抹布、手套、万能清洁剂、小刷子。

（3）操作要求：①用抹布垫脚站在行李柜面，将空调出风口板取出放到茶水车上，注意人要站稳，确保安全；②在出风口板内侧角位写上房号标记；③将撤出的空调出风口板用茶水车运回工作间清洁；④在工作间地拖池用牙刷逐一将出风口板木条擦洗，如有污渍用万能清洁剂清洗，并用清水清洗一遍，用抹布将出风口抹干后放回茶水车上；⑤将空调出风口板依照房号标记逐一对号送回房间；⑥发现空调出风口板有破损要及时报修；⑦将空调出风口板装回房间出风口位，要确保安装牢固，如有松动要及时报修；⑧将空调出风口板横木条百叶向下调至45°，竖木条百叶向房中间调至45°。

（4）卫生标准：空调出风口板的木架和木条稳固不松动，干净无尘、无脱色，木条百叶调节整齐。

2. 冰箱

（1）耗用时间：每间房10分钟。

（2）劳动工具：抹布、万能清洁剂、手套。

（3）操作要求：①将冰箱内的酒水放到吧柜云石台面；②将冰箱移出放在吧柜前地板，拔出电源插座；③抹冰箱柜内壁，包括层架、槽位、凹凸位、冰箱门和冰箱门防漏胶边；④抹冰箱外壳，注意冰箱后散热管、散热片、储水胶盒和电源线的清洁；⑤清洁冰箱时要到位，尤其对边角的缝隙位置；⑥抹冰箱柜内壁；⑦将冰箱电源接上，将冰箱移回吧柜里；⑧按规定将酒水摆回冰箱内；⑨将冰箱温度调节器调至三档；⑩清洁吧柜云石面、吧柜门和吧柜前地板。

（4）卫生标准：冰箱使用正常，冰箱内外干净无尘、无污渍。

3. 电热水壶

（1）耗用时间：每间房10分钟。

（2）劳动工具：抹布、方巾、快洁布、电水壶除垢剂、棉签、多功能插板。

（3）操作要求：①连续撤出10间房的电热水壶，将电热水壶放在茶水车上运到工作间清洁；②用电水壶除垢剂注入电热水壶中加热，分量以浸没发热丝为准；③将电水壶除垢剂煮沸10分钟后将水倒出；④用清水注入电热水壶中煮沸后将水倒掉；⑤用快洁布清洁电热水壶内壁、壶嘴、壶盖和壶底金属片，并用清水清洗干净，冲洗时注意保护壶身电源线插口处，防止有水注入；⑥倒干电热水壶内积水，抹干净电热水壶里面、壶身和壶盖；⑦用棉签清洁干净电源插座凹位；⑧注意不能将电热水壶放入水中清洗；⑨将清洁干净的电热水壶放回房间，可将已清洁干净的热水壶作为基数换取其他房间的电热水壶，原则上先保证住房的需求。

（4）卫生标准：电热水壶能正常使用，干净无污渍，水壶的开关要置于"OFF"状态。

4.墙纸

（1）耗用时间：每间房 8 分钟。

（2）劳动工具：抹布、小刷子、万能清洁剂、万向耙、水桶车。

（3）操作要求：①用万向耙压着干净的湿抹布擦房间的墙纸，低位或边角直接用手拿着抹布擦；②按由上到下竖向擦抹的原则清洁墙纸；③发现墙纸上有污渍，喷上少许万能清洁剂，用小刷子擦洗干净；④墙纸上的污渍擦洗不掉，报保养班清洁，如墙纸有破损报工程部维修。

（4）卫生标准：确保房间墙纸无尘、无污渍和无破损。

5.卫生间抽风机口

（1）耗用时间：每间房 2 分钟。

（2）劳动工具：抹布、小刷子、"洁而亮"。

（3）操作要求：①关闭卫生间抽风机；②用湿抹布擦抽风机口，应借助特殊小工具抹到内壁的隙位；③如抽风机口有污渍，使用少许"洁而亮"擦拭，再用湿布抹干净；④清洁抽风机口时注意不要弄脏周围的天花板；⑤在清洁过程中要注意安全，人要站稳扶好，以防滑倒；⑥清洁干净后开启抽风机，检查抽风机使用是否正常，以能吸住一张纸巾为准，如有问题及时报修。

（4）卫生标准：确保抽风机口干净无尘、无污渍。

6.卫生间小五金

（1）耗用时间：每间房 20 分钟。

（2）劳动工具：快洁布、"洁而亮"、小刷子、抹布、手套。

（3）操作要求：清洁内容包括水龙头、水龙头开关、去水口、花洒头固定器、提拔、浴缸扶手、浴巾架、浴帘杆、马桶水箱按键、立浴框、卷纸架、面巾环、地漏口、吸门器等。

①将卫生间相应的物品移开（如卷纸、浴巾、面巾等），戴上手套。

②用蘸有"洁而亮"的快洁布擦洗小五金表面，擦洗时要注意均匀、到位。

③对金属的边角位要注意清洁，必要时用小刷子擦洗。

④将浴缸和面盆去水口处的提拔拉出，清洁内部的金属。

⑤地漏金属要拿起来以便清洁底部的污渍。

⑥金属用"洁而亮"擦洗后，用水或湿抹布冲抹干净，再用干抹布抹干。

⑦抹干净浴缸和面盆，并复原卫生间的卫生和物品的摆放。

（4）卫生标准：确保卫生间小五金去污渍、无水渍，金属表面光亮如新。

7.马桶水箱和马桶的清洁

（1）耗用时间：每间房 10 分钟。

（2）劳动工具：快洁布、"亮而洁"、小刷子、水壳、抹布、手套。

（3）操作要求：①关上马桶水箱的入水开关，按马桶冲水掣将水箱内的积水清干；②将马桶水箱拿起放在卫生间地板一边，注意要用抹布或毛巾垫着水箱盖，另外，水箱盖要轻拿轻放，以防水箱盖被损坏；③戴上手套，用蘸有"洁而亮"的快洁布擦洗马桶水箱内壁及金属等配件的污垢；④擦洗要彻底、到位，注意边角位的清洁，必要时用小刷子擦洗；⑤用蘸有"洁而亮"的快洁布擦洗马桶内壁的水痕和马桶出水口的污渍；⑥打开浴缸的软管花洒水龙头（或用水壳盛水）冲洗干净马桶水箱内部和马桶内壁；⑦开启马桶水箱的入水龙头开关，将水放回水箱里；⑧用抹布抹干净马桶水箱和马桶；⑨复原卫生间的卫生和物品的摆放；⑩马桶水箱的入水龙头开启后，马桶至少要冲水两次。

（4）卫生标准：确保马桶水箱内干净无污垢，马桶内壁无水痕，马桶出水口无污渍。

（三）消毒

1.客房卧室

要定期对客房卧室进行预防性消毒。方法包括每日的通风换气、室外日光消毒、室内采光消毒以及每星期一次的紫外线或其他化学消毒剂消灭病菌和虫害，防止传播病菌。

2.卫生间

要做到天天彻底打扫，定期消毒，因为卫生间的用具设备极易污染病菌，消毒工作尤其重要。

3.茶水具与酒具

茶水具与酒具也是传播疾病的渠道，楼层应配备消毒设备与用具，以便进行杯具消毒。客房杯具必须每天撤换，统一送杯具洗涤室进行洗涤消毒。走客房的杯具统一撤换，并进行严格的洗涤消毒。

4.杯子

（1）清倒。①将杯子内茶叶及杂物倒进垃圾桶内，除去杯内杂物方便清洗。②用流动水冲掉杯内残渣。

（2）浸泡。将杯子放入已准备好消毒液的专用消毒桶内或池内浸泡沫 20~30 分钟，保证杯子全部浸入消毒液中。

（3）清洗。用专用的杯刷清洗浸泡过的每个杯子内外。

（4）冲刷。将清洗过的杯子逐个用流动清水冲刷，除去污液。

（5）擦拭。用消毒过的专用干布擦拭洗净的杯子，不留水印，整齐地放入消毒柜中。注意手不要直接触摸杯子。

（6）消毒。关上电子消毒柜门，开启电源待消毒指示灯熄灭后，切断电源。

（7）存放。用消毒过的杯布将消毒好的杯子逐个取出放入保洁柜中，关闭柜门，以备用。

客房清洁员自身的消毒工作也非常重要。清洁卫生间时，操作时要戴胶皮手套，上下班更换工作制服，保持制服的清净；定期检查身体，防止疾病感染。

六、客房季度周期计划卫生

（一）基本要求

（1）房间单项计划卫生，按照计划循环时间进行。

（2）房间周期大清洁以一季度为一个工作周期进行。

（3）根据计划安排的清洁内容准备好清洁用具和清洁剂。

（4）注意安全，防止事故发生。

（二）清洗内容

1. 地板打蜡

选择干燥、晴朗的天气，搬动家具，按砂擦、除尘、上蜡和磨光的程序，对整个地面进行打蜡。

（1）备齐打蜡的工具和用品。放在取用方便之处。将家具集中在指定地点。

（2）砂擦：顺缝擦、依次擦、分档擦、均匀擦。

（3）除尘：四壁除尘、地板除尘。

（4）上蜡：看气候上蜡、分部位上蜡、顺拼缝上蜡。

（5）打光：用工具打磨光亮。

2. 地毯吸尘

对整个地面的地毯进行吸尘，包括日常打扫接触不到的床和家具下面、房间四角等。

3. 擦窗

（1）将窗框架的浮灰刷去，用湿布擦净。

（2）擦玻璃：水擦、粉擦、潮干布擦、油擦。

要采用粉擦、水擦、干擦等各种方法，擦拭整个玻璃窗面、窗框，并用铜油擦净铜制的窗把。

4. 家具除尘

客房内某些家具物品，如床的软垫、厚窗帘等都要定期除尘，还要擦抹家具四周底部及背后等部位并保持其清洁。

5. 清扫墙面

包括天花板以及出风口。地面卫生洁具上的金属零件部件须定期重点擦洗，坐厕用消毒水进行重点消毒。

6. 家具上蜡

（1）除尘：擦净家具上的浮尘和污迹。

（2）上蜡：将上光蜡抹在家具表面。

（3）打光：用干净的细软布反复揩擦使之光亮。

7. 家具、墙壁吸尘

（1）床的软垫。

（2）厚窗帘。

（3）软座椅、沙发靠垫。

（4）床和家具下面的地毯。

（5）客房四周墙壁。

8. 擦拭顶灯

（1）准备好梯子、螺丝刀、抹布（一干一湿）。

（2）切断电源，然后摘灯。

（3）先用潮布擦，再用干布擦净。

（4）用干布擦灯泡，严禁用湿布、湿手擦。

（5）擦拭完毕，将灯具按原样装好。

（6）开灯检查，如发现灯泡（管）不亮，要立即登记，并通知工程部修理。

9. 擦拭铜器

（1）用湿布擦去铜制门（窗）把手和房间号牌等灰尘、污渍。

（2）再用少许铜油揩擦，使其发光。

10. 清洁电话

（1）拧开电话筒盖清理，注意不要拧松内部零件。

（2）用清洁剂、酒精、棉球擦抹、消毒。

（3）清洁至无污渍、无异味。

七、客房计划大清洁工作要求

循环周期。原则上按半年循环一次，分上半年和下半年各一次，月份安排分别是上半年为 1~6 月，下半年为 7~12 月。

（1）负责客房周期大清洁工作前必须要牢记和掌握所有大清洁工作项目的内容、程序以及所达到的标准要求。

（2）客房周期大清洁计划纳入日常计划工作安排，由楼层领班负责计划和安排，实施检查，控制管理。明确在 80% 开房率以下及人力可调配的情况下，以每天每层一间的计划安排进行。

（3）负责客房周期大清洁工作的员工必须填写"客房周期大清洁表"，注明所完成的质量情况，由领班检查签名确认，交经理存档备案。

（4）表格填写必须真实，逐项对照检查确认，如难以按要求完成的则要注明原因，以利于及时解决。当值经理根据表格填写的完成情况进行抽查，以促进客房周期计划卫生大清洁项目和清洁周期工作的管理。

（5）为便于检查、安排、管理，避免在同一周期内重复安排，对已完成周期大清洁计划的客房，楼层必须建立档案。具体记录完成的房号、时间及责任人，以明确进度，做好计划。

（6）管理人员要重视对客房周期大清洁的安排和检查把关，要根据开房率情况和人力情况进行见缝插针的安排，按期按质按量完成。

八、案例

某酒店周期清洁计划

一、日常周期计划

日期	项目	标准	备注
星期一	1. 卫生房间墙面、玻璃门 2. 卫生间地面 3. 五金洁具的除砂处理	地面墙面玻璃门无毛发无污渍、边角无黑渍 五金洁具光亮无尘无水渍	1. 每日通道吸尘器清理及垃圾桶、楼梯打扫 2. 每日工作整理、统计 3. 每日地漏毛发的清理 4. 每日对房间配备的消耗品及时补齐
星期二	1. 清理面盆上方镜面 2. 清理刷面盆去水口	注意镜边的清洁，镜面需光亮无水渍、面盆内外壁及边无水迹，污迹，去水口无黄锈及毛发，不锈钢件需保持光亮无水渍	
星期三	1. 开水壶去水垢 2. 空调网的清洗 3. 窗轨里的垃圾灰尘清理	开水壶里无垢、壶外光亮无水渍	
星期四	1. 地脚线 2. 床头、床头柜、桌面、电视机、灯具、开关等细打扫	客房大小配置细打扫	
星期五	1. 空房抹尘 2. 通道过道吸尘、清理垃圾桶	客房里大小物件、床头、桌面、电视机、窗、地面	
星期六	日常打扫	注意每间客房的设施是否完整，有无损坏，并及时报到前台做好记录	
星期日	日常打扫	注意每间客房的设施是否完整，有无损坏，并及时报到前台做好记录	

二、季度周期计划

日期	项目	标准	备注
1 季度 （1~3 月）	翻转床垫 清洗纱帘 床底、家具底部彻底吸尘 窗户清洁	床垫翻到相对应的数字标记方向。纱帘悬挂均匀美观，表面无污渍。床裙相对应地套在床角上。床底抬起吸尘，注意床底、家具下无杂物。将窗户的边框、胶条、玻璃擦干净	所有的季度计划卫生需认真执行，领班可根据住房情况做相应的人员安排调整，规定的每个季度的工作需在本季度尽快完成
2 季度 （4~6 月）	翻转床垫 窗户清洁 床底、家具底部彻底吸尘 清洗纱帘	床垫翻到相对应的数字标记方向。将窗户的边框、胶条、玻璃擦干净。床底抬起吸尘，注意床底、家具下无杂物。纱帘悬挂均匀美观，表面无污渍、移动电视机时要认真仔细摆正位置，注意查看后方闭路线是否插好	
3 季度 （7~9 月）	翻转床垫 清洗纱帘 窗户清洁 床底、家具底部彻底吸尘	床垫翻到相对应的数字标记方向。纱帘悬挂均匀美观，表面无污渍。灯罩无浮土，无污渍。移动电视机时要认真仔细摆正位置，注意查看后方闭路线是否插好。床底抬起吸尘，注意床底、家具下无杂物	
4 季度 （10~12 月）	翻转床垫 床底、家具底部彻底吸尘 清洗纱帘 电视机转盘下部的清洁	床垫翻到相对应的数字标记方向。床底抬起吸尘，注意床底、家具无杂物。纱帘悬挂均匀美观，表面无污渍。移动电视机时要认真仔细摆正位置，注意查看后方闭路线是否插好	

第六节　客房清洁制度与标准

　　客房日常清洁与周期计划清洁关乎酒店的整体形象，与宾客忠诚度密切相关。因此，须制定客房清洁制度与标准，提高和保证客房清洁质量。另外，合理、灵活的服务规程、操作程序是确保客房清洁卫生的基础，也是对客房清洁员工作进行考核、监督的依据。不同酒店的客房清洁规程和程序会略有不同，但均符合"方便客人、方便操作、方便管理"的原则，都为提高质量服务。

　　为提高客房清洁卫生质量，首先要求参与清洁的服务人员有良好的卫生意识。为此必须做好岗前及岗位培训，让员工树立起卫生第一、规范操作、自检自查的岗位责任感。同时要求客房管理人员及服务人员注意个人卫生，从自身做起，既完善自身形象，又加强卫生意识和卫生习惯。其次，不断提高客房员工对星级酒店卫生标准的认识，严格与自己日常的卫生标准相区别，与国际卫生标准接轨，以免将一些国际旅游者正常的卫生要求视为"洁癖"。

一、制定客房清扫标准的原则

（1）酒店的经营方针和市场行情。

（2）尽量少打扰客人。

（3）"三方便"准则：方便客人、方便操作、方便管理。

在制定客房清洁标准时应考虑如下因素：进房次数、操作标准、布置规格、整洁状况、速度与定额。以保证清洁员工能保质保量地完成清洁工作任务。

二、客房清洁检查制度

检查客房又称查房，酒店的卫生需由专门人员进行检查，以便使管理进入程式化，经营规范化。在卫生检查的过程中，包括清洁员自查、领班普查、管理员抽查、部门经理抽查、总经理抽查、定期检查、其他形式检查等。每一层级都有自己的职责，各职责有相关性。客房的逐级检查制度主要是指对客房的清洁卫生质量检查，实行严格的逐级检查制度，是确保清洁质量的有效方法。还有一些其他形式的检查，即在客房设置宾客意见表、拜访住店宾客或邀请一些专家、同行进行检查。这类检查由于角度不同，能发现一些酒店自身不易觉察的问题，有利于提高酒店的质量水平。

1. 服务员自查

服务员自查要求服务员每整理完一间客房，要对客房的清洁卫生状况、物品的摆放和设备家具是否需要维修等进行检查。通过服务员自查不仅可以提高客房的合格率，还可以加强服务员的责任心和检查意识，同时，减轻领班查房的工作量。不过，服务员自查的重点是客房设施设备是否好用、正常，客用品是否按规定的标准、数量摆放。自查的方式是边擦拭灰尘边检查。此外，在清扫完房间，准备关门前，还应对整个房间进行一次回顾式检查。

2. 领班普查

领班查房可以拾遗补漏，帮助指导，督促考察，控制调节。

另外，领班普查还有在职培训作用。领班普查是服务员自查后的第一关，常常也是最后一道关。因为领班负责 OK 房的报告，总台据此就可以将该客房向客人出租，客房部必须加强领班的监督职能，让其从事专职的客房某楼面的检查和协调工作。

（1）领班查房的职能。控制客房卫生质量，确保每间客房都属于可供出租的合格产品，还可以起到现场监督作用和对服务员（特别是新员工）的在职培训作用。领班查房时，对服务员清扫客房的漏项、错误和卫生不达标情况，应出返工单，令其返工。

（2）领班查房的数量。领班查房数量因酒店建筑结构（每层楼客房数的多少）、客房检查项目的多少以及酒店规定的领班职责的多少的不同而有所不同。一般而言，日班领班应负责约 80 个房间的工作区域的房间检查工作（负责带 5~7 个服务员）。日班领班原则上应对其所负责的全部房间进行普查，但对优秀员工所负责清扫的房间可以只进行抽查，甚至"免检"，以示鞭策、鼓励和信任。

（3）领班查房的顺序。一般情况下，领班查房时应按环形线路顺序查房，发现问题及时记录和解决。

领班对下列房间应优先检查。

①已列入预订出租的房间。

②每一间整理完毕的走客房，检查合格后尽快向客房中心报告。

③每一间空出的 VIP 房。

④维修房，以便了解维修进度和家具设备状况。

⑤每一间外宿房，检查完及时报告总台。

3. 主管抽查

主管抽查楼层。主管是客房清洁卫生任务的主要指挥者，加强服务现场的督导和检查，是楼层主管的主要职责之一。主管检查的方式是抽查。抽查的好处在于这种检查事先并未通知，是一种突然袭击，所以检查的结果往往比较真实。

主管抽查的意义在于以下几点：检查督促领班工作，促使领班扎扎实实地做好工作；进一步保证客房卫生质量；确保客房部经理管理方案的落实；为客房部管理收集信息。

楼层主管对客房清洁卫生质量进行抽查的数量一般可控制在 20 个房间左右。主管主要检查领班实际完成的查房数量和质量，抽查领班查过的房间，以观察其是否贯彻了上级的管理意图以及领班掌握检查标准和项目的宽严尺度是否得当。主管在抽查客房卫生的同时，还应对客房公共区域的清洁状况，员工的劳动纪律、礼节礼貌、服务规范等进行检查，确保所管辖区域的正常运转。

最后，主管检查的重点是检查每一间 VIP 房；检查每一间维修房，促使其尽快投入使用；抽查长住房、住客房和计划卫生的大清洁房。

4. 经理查房

经理抽查楼层清洁卫生工作是客房部工作的主体。客房部经理也应拿出 1/2 以上的时间到楼面巡视和抽查客房的清洁卫生质量。这对于掌握员工的工作状况，改进管理方法，修订操作标准，更多地了解客人意见，具有十分重要的意义。经理抽查房间应每天保持一定的数量，应特别注意对 VIP 客房的检查。客房的逐级检查制度应一级比一级严，所以，经理的查房要高标准、严要求，亦即被称为"白手套"式的检查。经理的检查宜不定期不定时，检查的重点是房间清洁卫生的整体效果、服务员工作的整体水平如何，以及是否体现了自己的管理意图。

5. 设置《宾客意见表》

客房卫生质量的好坏，最终取决于客人的满意程度。所以，搞好客房清洁卫生管理工作，要发挥客人的监督作用，重视客人的意见和反映，有针对性地改进工作。设置《宾客意见表》是较好的一种方法。意见表设计应简单易填，形式要轻松，摆放要显眼。现许多酒店将它设计成《致总经理密函》，内有酒店总经理真诚热情的欢迎、意见请求、祝福致辞，附一份简单而较为具体的宾客意见书。客人好像在和朋友交流一般轻松自然地道出了各自宝贵的意见。

另外，酒店总经理也要定期或不定期地亲自抽查客房，或派值班经理代表自己进行抽查，以控制客房的服务质量。酒店卫生检查只是管理的初级阶段，当每个员工将酒店当成自己的家的时候，卫生会自动地达到最高标准，那个时候检查卫生就是浪费成本。

三、客房检查的标准

客房检查的内容一般包括4个方面：清洁卫生质量、物品摆放、设备状况和整体效果。客房内清洁卫生质量、物品摆放、设备状况和整体效果要求和客房清洁标准基本一致。

客房的清洁卫生质量与酒店的清洁标准和检查制度的制定密切相关，同时这些标准的贯彻执行也非常关键。

客房清洁标准分为视觉标准和生化标准。视觉标准指宾客和员工、管理者凭借视觉或嗅觉能感受到的标准，但因个体感受不同，标准只是表面现象。生化标准是由专业防疫人员进行专业仪器采样与检测的标准，包含的内容有洗涤消毒标准、空气卫生质量标准、微小气候质量标准、采光照明质量标准及其环境噪声允许值标准等。与视觉标准相比，客房清洁卫生质量更深层次的衡量标准是生化标准。

（一）卫生标准

1. 十无六净

（1）四壁无灰尘、蜘蛛网。

（2）地面无杂物、纸屑、果皮。

（3）床单、被套、枕套表面无污迹和破损。

（4）卫生间清洁，无异味。

（5）金属把手无污锈。

（6）家具无污渍。

（7）灯具无灰尘，破损。

（8）茶具、冷水具无污痕。

（9）楼面整洁，无"六害"（指老鼠、蚊子、苍蝇、蟑螂、臭虫、蚂蚁的危害）。

（10）房间无卫生死角。

清理后的房间要做到：四壁净、地面净、家具净、床上净、卫生洁具净、物品净。

2. 具体卫生数据标准

（1）茶水具和卫生间洗涤消毒标准。

（2）茶水具，每平方厘米的细菌总数不得超过 5 个。

（3）脸盆、浴缸、拖鞋，每平方厘米的细菌总数不得超过 5 个。

（4）卫生间不得查出大肠杆菌群。

3. 卧室的卫生标准

（1）房门：无指印，门锁完好，房号牌光亮干净，安全指示图完好齐全。

（2）墙面、天花护墙板无蜘蛛网、斑迹，无油漆脱落和墙纸破损。

（3）地脚线：无灰尘、破裂现象。

（4）地毯：吸尘干净，无斑迹、烟痕；如需要，则作洗涤、修补或更换处理。

（5）床部分：铺法正确，床面干净、无毛发、无污迹，床下无垃圾，床垫按期翻转。

（6）床头板部分：床头板稳固、无破损，整洁、干净，床头板面无破损和无污迹。

（7）床头柜：床头灯、床头柜控制板、电话机操作正常，《晚安卡》干净无折皱，按要求摆放。

（8）硬家具：干净明亮，无刮伤痕迹，位置正确。

（9）软家具：无尘无迹，如需要则做修补、洗涤标记。

（10）抽屉：干净，使用灵活自如，把手完好。

（11）电话机：无尘无迹，指示牌清晰完好，话筒无异味，功能正常。

（12）镜子与画框：框架无尘，镜面明亮，位置端正。

（13）灯具：灯泡清洁，功率正确，灯罩清洁，接缝面墙，使用正常。

（14）垃圾筒：状态完好而清洁。

（15）电视与音响：清洁，使用正常，调整频道，音量调到最低。

（16）壁橱：衣架的品种、数量正确且干净，救生衣完好，数量正确且干净，门、橱、底、壁和格架清洁完好。

（17）壁柜：衣架品种、数量摆放到位并干净，门、柜底、柜壁和格架、衣杆清洁、完好。

（18）小酒吧（冰箱）：清洁无异味，物品齐全，温度开在低档，备好饮料单和开瓶器。

（19）写字台、行李架、圆椅、圆桌、电视柜：①干净明亮、无刮伤痕迹，坚固不松动，摆放位置正确；②抽屉拉动顺畅，里面无杂物或客人的遗留物品；③购物袋、洗衣袋、洗衣单按要求整齐摆放；④服务夹内的物品按要求摆放，印刷品无折皱或破损，圆珠笔能否使用，针线包内的物品齐全；⑤烟灰缸内干净，火柴无划痕（如是吸烟房）；⑥台灯灯罩无污迹，开关正常，灯泡无灰尘；⑦电视机屏幕上无污迹，开关、遥控器操作正常，频道调到中央一台，音量适中；⑧茶杯、茶瓶、托盘干净无污迹、无裂痕，红茶在左、绿茶在右各两包，摆放整齐；⑨垃圾桶干净无破损，套有塑料垃圾袋，存放 10 毫升水。

（20）壁画：①壁画牢固，居中；②画表面的油漆无脱落、灰尘；③画框无灰尘。

（21）窗帘：①窗帘无清洁，无破损，悬挂是否美观；②遮光布无漏光；③挂钩无松脱，拉动自如。

（22）窗户：清洁明亮、窗台与窗框干净完好，开启轻松自如。

（23）空调：滤网清洁，工作正常，温控符合要求。①空调无噪声；②滤网、百叶门无积尘；③遥控器操作正常。

（24）客用品：数量齐全，品种正确，干净无尘，摆放合格，托盘整洁，状态完好。

4. 卫生间卫生标准

（1）门：前后两面干净，关启灵活。

（2）墙面：墙面无水渍，无污渍。

（3）天花板：①无霉点或蜘蛛网；②无松脱现象；③排风扇清洁，正常运转，无噪声。

（4）地板：无污渍、无头发，住客房每天应清理一遍。

（5）不锈钢：无锈渍、无水渍；定期保养，上不锈钢油。

（6）面盆：干净无积水，不锈钢无水印，发亮无尘。

（7）浴室灯：无尘、无污渍，定期清洁保养。

（8）浴室镜：镜框无积尘和污迹；镜面是否有破裂或脱水银现象。

（9）马桶：①盖板和座板清洁，接合处无松动；②马桶内壁无水垢，内壁无污渍；③水箱盖无灰尘，马桶水挚按手松紧适中且操作正常；④马桶底座、后面及附近的墙壁无污迹。

（10）浴盆及面盆：①盆的表面无水迹或污垢、毛发；②所有铜器保持光洁、牢固；③冷热水喉操作正常；④盆内水塞无堆积的毛发；⑤云石台挡板无松动及污迹，云石台下面的墙壁无积尘。

（11）墙壁：墙壁无破损及污迹。

（12）五巾架：①五巾架无松动，光亮无污迹；②浴帘干净，无折皱，浴帘钩齐全；

（13）五巾和一次性用品：①五巾按要求折叠和摆放；②口杯套无破损，污渍，口杯无水迹及裂痕；③浴帽、牙刷、香皂、梳子未被用过，包装无破损；④浴液、洗发液无漏液或被使用过。

（14）地面：①地漏无杂物，无异味；②地板清洁无污迹，无杂物（包括毛发等）。

（15）花洒：清洁、无锈渍，运转正常。

（16）客用品：品种、数量齐全，摆放正确，无灰尘，托盘整洁。

（二）空气质量标准

（1）一氧化碳含量每立方米不得超过十毫克。

（2）二氧化碳含量每立方不得超过 0.07%。

（3）细菌总数每立方米不得超过 2000 个。

（4）可吸入尘每立方米不得超过 0.15 毫克。

（5）氧气含量应不低于 21%。

（三）气候质量标准

（1）夏天，室内温度为 22℃~24℃；相对湿度 50%；风速为 0.1~0.15 米 / 秒。

（2）冬天，室内温度为 20℃~22℃；相对湿度 40%；风速不得大于 0.25 米 / 秒。

（3）其他季节，室内温度为 23℃~25℃；相对湿度为 45%；风速为 0.15~0.2 米 / 秒。

（四）采光质量标准

（1）客房室内照度 50~100 勒克司。

（2）楼梯、楼道照度不得低于 25 勒克司。

（五）环境噪声允许值

客房内噪声允许值不得超过 45 分贝。

四、免检房制度与管理

酒店要为具有"免检房资格"的员工合理地规划好未来的职业发展。这也是企业培养员工，为员工职业生涯做长远规划的负责任的行为。被评为"免检服务员"的员工应享有与众不同的荣誉、薪资、福利、地位、奖励和优先的晋级机会。

员工获得免检房资格，并不代表永久性地拥有免检房资格和待遇优先资格。主管、经理，要不定期、不定时地对其清洁后的合格房进行抽查，并设定免检率的最低底线，发现有超过百分比多少的房达不到免检标准时，应取消服务员的免检房资格和待遇。以保证服务员"免检资格"的有效性。

第三章　公共区域清洁

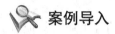 案例导入

客人在公共场所因地面湿滑而摔伤

王某全家在酒店聚餐，一家人很开心，喝了不少的酒。饭后一家人付完账准备离开酒店的时候，由于地面湿滑，王某摔了一跤，不但跌坏了眼镜，同时还造成腿骨骨折。当时服务员刚用拖把拖过地板，因此原本光滑的大理石地面更加湿滑，酒店服务人员还没有来得及拿出相应的警示牌。事后，王某修眼镜以及看病花费了不少费用。为此，王某起诉要求酒店赔偿。

酒店公共区域是指酒店公众共有、共享的区域和场所。它主要包括前台、大堂、餐厅、电梯、走廊、卫生间、庭院、大堂酒吧、附属的咖啡厅、歌舞厅，还包括停车场、会议室、内部商场、多功能厅及康乐区域等。一般分为室内部分和室外部分。室外部分又叫外围区域，是指酒店外部归属于酒店的公共区域，如公共停车场、花园、外围垃圾场、草坪、外墙、花园、前后大门及绿化带。室内部分又分为前台和后台两部分。前台区域是指供客人活动的范围，如大堂、公共区域客用洗手间、休息室、温泉部、康乐中心、餐厅（不包括厨房）、舞厅、多功能厅、会议室、宴会厅、泳池等专供宾客活动的场所，以及公共洗手间等；后台公共区域是指为酒店员工设计的生活活动区域和休息的场所，如员工休息室、员工通道、员工更衣室、员工餐厅、员工娱乐室、员工公寓及酒店自用办公区域等。

酒店公共区域是酒店客人活动频繁的场所，在对公共区域进行清洁保养前，应根据客人活动的时间规律，安排好不同区域的清洁保养时间，原则是不影响客人的活动和各部门的正常营业。一般日常清洁可在营业时间或客人活动的间隙进行，而彻底的清洁保养则应在营业结束后或基本无客人活动时进行。

公共区域清洁保养工作的特点如下：

其一，众人瞩目，要求高、影响大。

公共区域客人活动频繁，客人对酒店的第一印象大部分也是从公共区域获得的，这种印象往往影响着他们对酒店的忠诚度。因此，酒店及其保洁部门必须高度重视公共区域的清洁保养工作，为增强酒店整体形象提高印象分。

其二，范围大，情况多变，任务重且繁杂。

公共区域范围大，场所分散且多，客人活动频繁，情况多变复杂，因此，清洁保养工作也是难以计划和预见的。客人数量的增加，活动频繁，活动安排及天气变化等多种情况都可能带来额外的工作任务和给工作增加额外难度。

其三，工作专业性较强，技术含量较高。

公共区域的清洁保养工作，尤其是其中的一些需要专业技术的专门性工作与其他清洁保养工作相比，其专业性更强，技术含量要求更高。因工作中所需使用的设备、工具、用品和清洁保养的设施设备及清洁剂等种类繁多，清洁员工必须掌握全面的专业知识和熟练的操作技能才能胜任此项工作。

第一节　顶面、墙面与地面的材料选用及清洁

一、酒店常用顶面、墙面、地面

（一）顶面材料及形式

一般有：纸面石膏板、腻子、乳胶漆、木饰面油漆、成品木饰板、壁纸、金箔、各种玻璃、各种雕刻等。

1. 顶面材料的材质

天棚是位于屋盖下的装饰构造，它是室内空间的顶面，又称为顶棚，是室内空间的重要组成部分。其透视感强、面积大，对视觉吸引力强，不仅要考虑装饰效果和艺术风格，还要考虑各种设施的安装及建筑结构特点，如喷淋、空调、强弱电系统、烟感器等都要装进天棚中，天棚有一个"工具箱"的作用。因此，天棚的装饰处理结构复杂，技术难度高，要充分考虑上轻下重的重力均衡原理。

一般酒店大堂、门厅、过道等公共空间经常采用轻钢龙骨纸面石膏，利用吊杆将轻钢龙骨纸面石膏悬吊于顶下，把梁柱顶棚及顶上设施全部遮住，形成新的围合界面，使室内环境更加美观。轻钢龙骨纸面石膏吊顶由3个基本部分构成，即悬吊部分、顶棚骨架和饰面层。轻钢龙骨主要配件由主龙骨、次龙骨、横撑龙骨、吊挂件等组成。酒店天棚层面一般采用纸面石膏板，纸面石膏是以熟石膏为主要原料，再加以特别纸为护面加工而成，是天棚装饰广泛使用的材料，具有轻质、高强、阻燃、隔声等特点。

2. 酒店常用天棚形式

（1）发光顶棚。采用磨砂玻璃、有机夹胶玻璃等半透光板，吊顶内藏灯光，光线透过半透明的镜片，发出柔和的自然光效果。发光顶棚玻璃坚硬、平滑和整体，给人一种强烈的现代感装饰效果。

（2）开敞式顶棚。又称格栅天棚，其特点就是饰面不完全遮盖，通过一定形状的格子构件组合有规律的排列，酒店部分运用也有奇效。其形状可分为正方形、圆筒形、挂片型和藻井式四种。其构造主要用木条、金属、塑料做构建。

（3）井格式顶棚。一般在酒店大堂高度限制情况下因势就形，利用楼板上梁体格状结构做成藻井式构造。

（4）迭级式顶棚。主要用于高低交接处的构造处理和体现顶棚的整体高度。其作用是限定空间、丰富造型、设置音响、照明等设备。

（5）软质顶棚。在欧式风格酒店中常采用的顶棚装饰。

（二）墙面材料及构造

一般有：壁纸、各种石材、木饰面油漆、成品木饰面板、金箔、各种玻璃、各种雕刻等。

墙体作为空间的界面，是组成空间的重要因素之一，是空间划分的重要手段，它还有连接天棚和地面的作用。由于墙面是直面客人的视觉元素，因此往往产生强大的冲击力，故在设计时显得尤为重要，风格的形成就成了展示的平台。同时墙面也是进店客人视线最关注的地方，其颜色、质感、形状及装修构造方法对酒店的环境氛围影响极大。酒店室内墙面构造首先要保障使用条件，如清洁、保温、隔热、吸声、隔音等效果。因此，不同的材料使用、合理可行的构造方案等，使得墙面也有不同的表现风格和形式。

弧形的墙体界面在空间里产生一种导向感，诱导人们沿着空间的轴线方向运动，弧形墙面同时改变人们的心理活动，使心情变得平和与恬静。常常用于优雅而温馨的场所。

直线墙体界面在空间里起到简洁、明快的视觉效果，不仅便于人流线路的流通，同时对采光和通风都起到很大作用，方便管理。

曲线墙体界面在空间里是最灵活自由的界面形式，可以随心所欲地分隔空间。在曲线的墙体界面中，人们可以感受到空间的活力。曲线形成的多个空间，丰富了空间界面的同时，还改变了人们的心情。

随着建筑技术的不断进步、设计手段的不断更新和丰富，墙体的形式也不断变化。通过玻璃墙而形成的分隔空间，可以使空间更具有通透感，使空间得到延伸，增加其层次和活力。

1. 墙面材料的材质

一般分为抹灰类、喷涂类、裱糊类、石材类、竹木类和贴画类等，以下介绍其中几种。

（1）抹灰类墙面。以砂浆为主要材料的墙面，统称为抹灰类墙面，质感粗犷，质朴自然，用于较大空间时，可以给人以气势恢宏的感觉，值得注意的是其表面容易积灰，故不宜用于卫生状况不良的环境。

（2）竹木类墙面。用竹子装饰墙面，不仅经济实惠，往往还能使空间具有浓郁的自然气息。用竹装饰墙面时，要对其进行必要的处理。竹子表面可以抛光，也可以涂漆或喷漆。木面墙是一种比较高级的界面。一般用于客厅、会议室及声学要求较高的场所。

（3）石材类墙面。装饰墙面的石材有天然石与人造石材两大类。用石材装饰墙面要精心选择色彩、花纹、质地和图案，还要注意拼缝的形式以及与其他材料的配合。天然石由于装饰性、耐久性好，成为酒店公共空间部分最常采用的墙面材料。花岗石板、大理石板、陶瓷板装修构造及施工做法基本相同，传统有三类，即挂湿法、干挂法和胶粘法。挂湿法适用于经济装修；石材干挂工艺是酒店室内墙面装修的一种新型施工工艺；粘贴法这种工艺是天然石材装修最可靠、经济、简洁的一种先进工艺。

2. 不同墙面材料的构造

（1）木质墙面装修构造。木质墙面用实木板材类罩面，其木纹自然、朴实，具有施工安装简便、耐久性强等优点，所以广泛用于酒店室内装修中。常用基层垫板有夹板、细木板、刨花板及中密度板等。常用面板有水曲柳、楠木、桦木、枫木、红橡、白橡、黑檀木、樱桃木、花樟、花梨木、泰袖、沙比利、雀眼等高级木科。木质墙面有半包墙和全包墙两种，构造差不多，用于基层木架、垫层、饰面层、细部构造。

（2）裱糊类墙体饰面构造。用纸张、绸棉及皮革等裱糊墙面，是酒店室内装修最常采用的方法。尤其在酒店客房墙面贴墙纸、墙布、棉麻，有特殊的装饰效果。裱糊材料色彩、机理和图案丰富，品种繁多，形成室内古雅精致绚丽多彩的温馨氛围。其造价较低，性价比合理，施工方便，工期较短。有印花墙纸、压纸墙纸、浮雕墙纸。墙纸的施工工艺包括：①基层处理；②胀水处理；③胶水；④施工方法。

（3）软包墙面施工构造。酒店对室内音质要求很高，尤其是客房卧室和公共场地，噪声会使客人对酒店留下不良的印象，因此，酒店许多墙面采用软包构造。软包采用多孔的海绵做基层，有很好的吸音效果；并且软包可造成有圆弧度的边缘，形成墙面层次起伏变化，软包表面装饰的布艺具有富丽堂皇的效果。其构造包括：基层、垫层、面层、安装等。

（三）地面材料及界面设计

一般有石材、木地板、地毯、玻璃等。

地面装饰的作用表现在三个方面：对地面的保护作用；对地面的装饰作用；满足人的活动的需求，即使用功能的需求。所以铺地材料都应具有耐磨、防水、防滑、易于清扫等特点。对于有特殊要求的房间，还要求铺地材料具备相应的功能，如隔音、隔热、保温、防菌、防静电、具有一定的弹性及阻燃性等特殊要求。

1. 地面材料的选用原则

主要从三个方面予以考虑：

（1）根据地面环境的水湿、干燥特性，确定选用有机还是无机铺地材料。

水湿环境：厨房、卫生间、阳台；宾馆大堂、餐厅等公共环境。

干燥环境：办公室、会议室、接待室、客房、商品专卖区、休闲娱乐室等。

（2）依据装修的要求、风格、装饰效果等分析选用。

无机铺地材料中，花岗石装饰效果好，是高档酒店、营业大堂首选的地面装饰材料。玻化砖简洁、素雅、现代感强、是应用广泛的铺地材料。釉面砖耐磨性差，虽有好的装饰图案，但是规格较小，档次不高，应用于一般的、要求不高的地面装饰。仿古砖应用于自然、古朴风格，要求不高且更新快的餐厅等。无机铺地材料温度感差、温暖感不够，当需要营造温馨的环境风格时，宜选用木质或纤维类铺地材料。

（3）充分考虑环境满足使用功能的要求。

满足使用功能是选择铺地材料的关键要素。环境不同，使用功能不同，选用的铺地材料自然也就不一样了。

一般情况下，外宾接待室以温馨、舒适为重点，宜选用高级地毯；KTV 包房吸声、防火要求高，宜选用耐用、阻燃的地毯；酒店客房以行走无声、舒适为重点，宜选用普通地毯（根据档次）。

建筑的地面或楼板层，一般由结构层和饰面层两部分组成。结构层主要来承担负荷；饰面层要满足两部分要求，即使用功能要求和装饰功能要求。

内部空间底界面设计是指楼地面的装饰设计。普通楼地面应有足够的耐磨性和耐水性，并要便于清洁和维护；浴室、厨房、实验室的楼地面应有更高的防水、防火、耐酸、耐碱等能力。地平面界面承载着空间里绝大多数内容，包括家具、设备，人们的一切活动，通过地面界面的设计还可以改变人们的空间概念。所以地面界面是设计工作中极为重要的内容，成功的设计既能满足其技术上的要求，又能满足人们心理上的艺术要求。

2. 地面界面的设计

地面界面的设计有以下几种：

（1）下沉式地面界面的设计。在空间的一个水平面的下面，再创造一个下沉式的水平面，形成局部降低的一个平台，在视觉和实用功能的效果上得到转换，以改变人们的空间意识，达到突出重点，丰富空间的作用。

（2）上升式地面界面的设计。这是与下沉式地面界面设计相对立的一种表现方法。

利用地面的高差变化，把地面分成几个部分。

通常客人走到酒店大堂大门后，会首先关注地面造型、材料质感、颜色及形状，从而形成客人的最初印象，显然，地面是酒店重要的装饰工程。

酒店地面设计首先要考虑酒店各种空间不同使用功能。例如，大堂空间是人来人往的公共空间，地面饰面材料应有足够的强度和耐磨性；客房空间是私密性很强的个人休息场所，要充分考虑地面吸声、隔音及弹性要求；酒店卫生间地面材料则要考虑它的防水、防滑性能。总之，设计酒店的地面时，首先应满足不同空间的使用功能。

地面装饰在整个室内空间装饰中占有重要的地位，越来越多的人不再满足于选择单一的陶瓷地砖，而喜欢追求个性，与众不同，所以用天然石材装饰地面成为首选。天然石材花纹自然，能很好地表现创作意图，适合做艺术造型。黑金花基本色调为黑色，金黄色斑纹断断续续呈条纹状均匀分布，就像黑色的缎面上撒了一层黄灿灿的金花，给人一种稳重和高贵的感觉，运用在地面装饰设计上，以其独特的纹理色彩，鲜明的线条，装点室内地面，彰显了拥有者不凡的品位和艺术修养。

3. 地面装饰材料的分类

地面装饰材料按材质分类，分为有机铺地材料、无机铺地材料两大类。

有机铺地材料按材质不同分为：

（1）木质铺地材料：实木地板、实木复合地板、复合木地板、竹木地板、软木地板。

（2）塑质铺地材料：塑胶地板、PVC 地卷材。

（3）纤维铺地材料：地毯。

无机铺地材料主要是石材、陶瓷铺地材料，主要包括：花岗岩、大理石、玻化砖、釉面地砖、仿古砖。

在应用方面，无机铺地材料用于水湿环境、公共环境地面装饰。而有机铺地材料除了 PVC 地卷材能用于水湿的公共环境外，其他均应用于干燥的室内环境。

大理石马赛克产品完美融合文艺复兴和欧洲后现代主义的建筑风格，以威尼斯文化为主题进行装饰。如皇冠假日酒店，以马赛克拼花为酒店营造出富丽堂皇并具异域情调的氛围，成为酒店最大的亮点，是目前国内马赛克产品具有代表性的经典之作。

4. 几种地面材料的具体介绍

（1）花岗石地面。花岗石板材是硬度较高的一种深层岩，构造密实。花岗石有丰富的颜色，其不足之处是颜色纯度达不到设计要求。

（2）大理石地面。大理石是一种变质的岩石，主要成分是方解石和白云石。大理石质感细腻，光泽柔和，色彩纯度高。大理石易被磨损，使用时需要经常打蜡维护。

（3）陶瓷地面材料。陶瓷地砖系高温烧制而成，其表面光滑、质地坚硬、耐磨耐酸碱、色彩艳丽、图案丰富。由于色差小，价格适当，无放射污染，适用于人流活动量较大、地面磨损频率高的地面，如酒店大堂、门厅、走廊及卫生间地面。

（4）木质地面材料。木材是一种使用广泛的酒店装饰材料，它具有重量较轻、易于着色和油漆等优点，其缺点是湿胀干缩、易翘曲、易腐蚀。木材的种类繁多，根据树种的不同，可分为针叶树材和阔叶树材两类。其中，针叶树材具有不易变形、纹理顺直、耐久性好、材质均匀等特点，又称软木材，常用的针叶树种有红松、白松、马尾松、落叶松、杉树及柏树等；阔叶树材具有材质坚硬、较难加工、易变形开裂等特点，又称硬木材，常用的阔叶树种有柚木、榆木、水曲柳、榉木、印茄木、重蚁木及甘巴豆等。木材作为装饰材料，其应用形式主要包括木地板和人造板材两类。

把常用的实木地板、实木复合地板、强化复合地板三种铺地材料加以比较：

①构成比较：

实木地板：天然木材经过烘干加工而成。

实木复合地板：采用天然珍贵木材刨切薄木，芯材采用一般木材旋切单板，纵横组坯胶压而成。

强化复合地板：以高密度纤维板为基材，正面采用三聚氰胺浸渍纸饰面，并加入三氧化二铝耐磨剂，背面采用酚醛树脂浸渍平衡纸饰面制造而成。

②特点比较：

实木地板：具有天然木材的优异特性。

实木复合地板：具有实木地板的纹理、颜色等装饰效果，芯材具有多层胶合板（多层板）不变形、不开裂等优点。

强化复合地板：面层具有三聚氰胺浸渍纸饰面材料的特点，芯材具有高密度板的特点，平衡纸具有酚醛树脂耐水防潮的优点。

实木地板、复合木地板、实木复合地板的比较

品种	结构及稳定性	耐磨性	强度	装饰性与舒适度	造价	使用场合
实木地板	实木结构，有天然花纹、色泽自然美观。易起翘开裂，且不易修复，防水性差	取决于表层油漆质量	与原木的硬度、强度相关，强度不够时需以增加厚度来弥补	普通材质不够美观；高级木质价格昂贵，脚感舒适、弹性好	普通材质价格一般；高级木质价格昂贵	适合于家居等环境
复合木地板	中间为中、高密度纤维板，由高压强化而成。结构比较稳定，材料防水性一般	表层三聚氰胺饰面加上三氧化二铝耐磨剂，耐磨性极好	板材较薄，8mm\12mm\15mm强度一般	表层为纸质装饰层，花色品种繁多，脚感一般，弹性一般	相对便宜	适合于公共场所，也广泛用于家居环境

续表

品种	结构及稳定性	耐磨性	强度	装饰性与舒适度	造价	使用场合
实木复合地板	单板组合结构,多层实木复合、硬材、软材合理搭配、稳定性好,不会变形,防水性好	取决于表层油漆质量,深度耐磨性较差(芯层为普通材料)	纵横交错组坯,强度高,不开裂,不变形	天然木材纹理颜色,且剔除缺陷,视觉效果好,脚感舒适,弹性好	较高	适合于家居等环境

（5）地毯地面材料。

地毯是一种很古老的地面铺设材料，它具有吸声、保温、弹性好的特点，通过手工或机器织出的地毯具有很高的工艺价值。铺设在室内，会使环境显得华丽、高贵、温馨、是酒店、客房、走道、会客厅、大堂、餐厅常采用的地面材料。地毯具有很高的艺术价值，装饰后能够体现高贵、华丽、美观、气派的风格，同时具有隔热、防潮的作用。在装修中地毯满铺或作为地面的局部装饰，都能达到满意的装饰效果。

1）地毯按材质可分为纯毛地毯、混纺地毯、化纤地毯和塑料地毯。

①纯毛地毯。纯毛地毯的手感柔和，拉力大，弹性好，图案优美，色彩鲜艳，质地厚实，脚感舒适，并具有抗静电性能好、不易老化、不褪色等特点，是高档的地面装饰材料，也是高档装修中地面装饰的主要材料。以新西兰羊毛品质为最好。但纯毛地毯的耐菌性、耐虫蛀性和耐潮湿性较差，价格昂贵。

②混纺地毯。混纺地毯是在纯毛纤维中加入一定比例的化学纤维制成。该种地毯在图案花色、质地手感等方面与纯毛地毯差别不大，但却克服了纯毛地毯不耐虫蛀、易腐蚀、易霉变的缺点，同时提高了地毯的耐磨性能，大大降低了地毯的价格，使用的范围广泛。

③化纤地毯。化纤地毯也称为合成纤维地毯，是以绵纶（又称尼龙纤维）、丙纶（又称为聚丙烯纤维）、腈纶（又称聚乙烯腈纤维）、涤纶（又称为聚酯纤维）等化学纤维为原料，用簇绒法或机织法加工成纤维面层，再与麻布底缝合成地毯。其质地、视感都近似于羊毛，耐磨而富有弹性，鲜艳的色彩、丰富的图案都不亚于纯毛，具有防燃、防污、防虫蛀的特点，清洗维护都很方便。

④塑料地毯。塑料地毯由聚氯乙烯树脂等材料制成，虽然质地较薄、手感硬、受气温的影响大、易老化，但该种材料色彩鲜艳、耐湿性、耐腐蚀性、耐虫蛀性及可擦洗性都比其他材质有很大的提高，特别是具有阻燃性和价格低廉的优势。

另外，手工纯毛地毯按图案风格不同，可分为背景式地毯、美术式地毯、彩花式地毯和素凸式地毯。酒店可以根据需要和艺术追求选购。

2）按成品的形态可分为整幅成卷地毯和块状地毯。

①整幅成卷地毯。铺设这种地毯可使客房室内有宽敞感、整体感，但若损坏，更换不太方便，也不够经济。

②块状地毯。铺设方便而灵活，位置可随时变动，一方面给客房室内设计提供了更大的选择性，同时也可满足不同客人的需要，而且磨损严重的部位可随时调换，从而延长了地毯的使用寿命，达到既经济又美观的目的。在客房室内巧妙地铺设小块地毯，常常可以起到画龙点睛的效果。另外，小块地毯可以减少大片灰色地面的单调感，还能使客房室内不同的功能区有所划分。

3）按编织工艺可分为手工编织地毯、机织地毯、簇绒编织地毯、无纺地毯。

①手工编织地毯。选用上等羊毛采用手工编织，织毯工作要在地毯的每一根经线上绕两圈打一个结，因而织出的地毯精致而结实。

②机织地毯。机织地毯也有编织地毯和簇绒地毯两种，各有其特点。编织地毯是把手工地毯工艺应用于机械化生产，使地毯结构比较牢固，且花色图案丰富。

③簇绒编制地毯。该地毯属于机织地毯的一大分类，它不是经纬交织而是将绒头纱线经过钢针插植在地毯基布上，然后经过后道工序上胶握持绒头而成。由于该地毯生产效率较高，因此是酒店装修首选地毯，可谓物美价廉。

④无纺地毯。无纺地毯是采用无纺织物制造技术，即原料不经传统的纺纱工艺，用织造方法直接制成织物。

4）按表面纤维形状可分为圈绒地毯、割绒地毯、圈割绒地毯。

圈绒地毯的纱线被簇植于主底布上，形成一种不规则的表面效果，由于簇杆紧密，圈绒地毯适用于踩踏频繁之地区，它不仅耐磨而且维护方便。把圈绒地毯的圈割开，就形成了割绒地毯。割绒地毯的外表非常平整，外表绒感相对也有很大改善。同时也将外观与使用性能很好地融于一体，但在耐磨性方面则不如圈绒地毯。圈割绒地毯正如其名，是割绒与圈绒的结合体。

二、地面材料的清洁与保养

（一）硬质材料地面

硬质材料地面主要是水泥砂浆地面、大理石地面和各类地砖地面，特点就是硬度高，耐水性较好。

1.清洁与保养方法

（1）铺设和清洁门口处擦脚垫：需要每天经常及时去除擦脚垫吸纳的污物，以便它能吸纳更多的污物。擦脚垫由室内和室外两部分组成。

（2）清扫地面垃圾。用扫帚扫除地面的垃圾。如设有废物箱，应同时清倒内存的废弃物，并将这些垃圾集中于垃圾筐（袋）内，到指定的地方倾倒。

（3）干拖推尘：是用尘推渗入适量的牵尘油推地除尘的方法。这种方法操作简单省力，清洁后地面光亮无尘，且干燥不湿，适用于大理石、花岗岩等各种高档光滑的地面。

（4）湿拖除尘：是用地拖配合清水拖地除尘的方法。这种方法操作简便，既能除尘，又能清除污迹，使用最为普通。把地拖放进装好清水的水桶中浸湿，然后根据天气冷热、干湿程度将地拖拧干到一定的程度。将地面大致划分为多个作业段，在每个作业段内横向往复拖洗，边拖边退，注意收边。在拖洗过程中，应始终保持地拖的干净，并及时更换水桶中的污水。

（5）喷磨抛光：用地擦机修补地面蜡面的划痕、车轮压痕和磨损，复原并保持蜡面的光泽度和清洁度。

（6）高速抛光：用高转速的抛光机，去除地面表面蜡的磨损、车轮压痕、划痕、恢复蜡的光泽度，比用地擦机喷磨抛光上光更快。

（7）刷洗和补蜡：当日常性喷磨抛光或高速抛光达不到所需效果时，用该步骤去除表层的污渍及蜡面，并补上新蜡。

（8）彻底起蜡和落蜡：当污染程度和地面的磨损较严重时，用该步骤彻底去除地面上的旧蜡，然后再上新蜡。

2. 清洁与保养程序

（1）铺设和清洁门口擦脚垫。

必备物品：依据项目使用的脚垫类型，通常使用真空吸尘器。

室内脚垫清洁操作步骤：

①如果擦脚垫处于潮湿状态，请放置"小心地滑"告示牌。

②每天至少一次吸尘或清洗，如灰尘很多或潮湿要增加吸尘清洗次数。

③定期更换和彻底清洁擦脚垫。

④有些脚垫可以用水管冲洗，有些则需要像地毯一样吸尘清洗。冲洗后的脚垫要平铺吹干或自然风干，防止其变形。

室外脚垫清洁操作步骤：

①每天至少一次吸尘或清洗，天气不好或灰尘很多时需要增加吸尘或清洗次数（背面如是封闭的，应该吸尘或用软管浇水冲洗。背面如是开口的，应该卷起来，用水浇、打扫或吸尘，注意防止其变形）。

②定期彻底清洁。

结束工作：清洁的脚垫风干后，拿走"小心地滑"告示牌。

（2）干拖走廊地面。

必备物品：尘推、铲刀、簸箕、扫帚、垃圾袋。

操作步骤：

①将牵尘液处理过的干净除尘头套在尘推套架上。

②用铲刀将附在地面上的口香糖或其他顽渍去除。

③在门口处开始干拖程序。首先沿着走廊的墙踢脚处干拖走廊，到一定距离时折返，如此循环往复确保干拖所有的走廊地面。干拖时中间不要有漏推的缝隙，应在缝隙处叠压干拖2~5厘米。

④干拖时，尘推头须始终紧贴地面，使灰尘聚集到尘推头的前端，要特别注意各个角落。要求挪开可移动的家具和其他物体，将地面进行彻底除尘。

⑤当尘推头脏了的时候，用扫帚轻轻地将尘推头上的灰尘刷入垃圾袋。

⑥用簸箕和扫帚将地面上的脏物收集起来放入垃圾袋里。

结束工作：工作结束之后，将尘推头拿下来送洗，将尘推架和手柄挂起来。

注意事项：尘推上的灰尘要经常清除，以便提高干拖效率，防止尘土飞扬。

（3）湿拖地面。

必备物品：拖把头和手柄、榨水车、"小心地滑"告示牌、全能清洁剂（或项目指定的消毒液）。

操作步骤：

①放置"小心地滑"告示牌。

②将干净的拖布头安装在拖布架上。将稀释好的清洁剂或项目指定的消毒液放入桶内，将湿拖布头放入桶内浸泡，然后用榨水器榨干。

③将整个走廊分成两部分进行湿拖，以使走廊尽快晾干，保证人行流畅。只有在没有人流时，才可进行整个走廊的湿拖。湿拖时沿走廊一端或连廊处的墙踢脚线开始，要特别注意墙角、门口和由于人流量大容易积存脏物的地方。

④将"小心地滑"告示牌保留至地面彻底干透，然后继续湿拖下一部分。

⑤采用"∞"形方式进行湿拖。湿拖小房间时，先将房间四周的踢脚线拖干净，然后采用"∞"形的方式对整个房间从里向外湿拖。湿拖大房间时，将房间分成几个部分，按湿拖小房间的方法湿拖整个房间。

结束工作：将"小心地滑"告示牌保留至地面彻底干透。有些地方简单湿拖无法清除顽渍，可喷洒少许全能清洁剂用抹布擦除。

注意事项："小心地滑"告示牌必须放在容易使人滑倒和地湿的地方，以及湿拖完后需要干透的地方。特别注意在有拐角的地方进行湿拖时，要放置"小心地滑"告示牌。湿拖时，应根据需要翻转拖头。目测桶底不可见时更换榨水车内污水。建议每湿拖20~25平方米即需清洗拖把头，以PVC地面材质为基准，视地面清洁程度调整清洗频次。

（4）喷磨抛光。

必备物品：地擦机、"小心地滑"告示牌、尘推、铲刀、簸箕和扫帚、湿拖把、榨水车、红色清洗垫、保养蜡、压力喷壶（装保养蜡）。

操作步骤：

①检查工具完备与安全，须特别注意检查电源线。

②放置"小心地滑"告示牌（最好放在湿滑易摔或有拐角的地方）。

③用铲刀将附在地面上的口香糖或其他顽渍去除。

④干拖地面。

⑤湿拖地面。

⑥将地擦机放在走廊的一端，将红色清洗垫装到地擦机的转动针盘上，将电源线挎于肩部，并将地擦机的手柄调到适合操作的位置。靠墙放置地擦机，在启动地擦机之前，查看四周是否有客人或其他行人。

⑦在操作工的左前方喷洒少许（1~2下）保养蜡，启动并倒退操作地擦机，将保养蜡打磨抹匀到干燥为止，等保养蜡干燥后，用地擦机再进行磨光。地擦机要离墙边几厘米，防止破坏踢脚板。

⑧再喷磨时，后退一小步（约50厘米），确保不断蜡，并防止保养蜡喷洒到地擦机的上面。

⑨喷磨抛光之后，要干拖这些区域。

结束工作：每项清洁工作完成之后，清理地擦机和清洗清洁垫。将所有的设备放回库房。

注意事项：确保使用清洁垫两面。当清洁垫的一面聚积大量残留脏物时，将清洗垫的另一面翻过来继续使用，或换一张新垫。切忌用特别脏的清洗垫继续打磨地面，否则会对地面造成损伤或将已清洁的地面弄脏。

（5）高速抛光。

必备物品："小心地滑"告示牌、尘推、湿拖把、铲刀、簸箕和扫帚、榨水车、电池式或电源式抛光机、白色抛光垫。

操作步骤：

①先做干拖除尘。

②检查工具完备与安全，须特别注意检查电源线。

③放置"小心地滑"告示牌。

④进行湿拖，去除地面污渍，让地面晾干。

⑤将抛光机靠置墙边，若使用电源式抛光机，从插电线的墙边开始操作。操作前，查看四周是否有行人。

⑥开启抛光机，将电源线挎于肩部，向前直线操作。操作时，慢慢移动抛光机，以

确保有足够的时间去除污点并保证抛光效果。

⑦当抛光机移动到电源线允许的最大限度时，折回与原抛光路径平行抛光，每条路径应压边，以免留有空隙。尽量不要直线长距离抛光。

⑧抛光完成后再做干拖除尘。

结束工作：清洁抛光机并检查设备安全性，将工具放回储藏室。

注意事项：运转着的抛光机必须保持向前的行进状态，不能停在原地不动，否则将磨损或损坏已抛光过的地面。无须预喷保养蜡，通过高速转动产生热量软化蜡层抛光。当清洗垫的一面聚积大量残留脏物时，将清洗垫的另一面翻过来继续使用，或换一张新的抛光垫。切忌用特别脏的抛光垫继续抛光地面，否则会对地面造成损伤或将已清洁的地面弄脏。

（6）刷洗 / 补蜡。

必备物品："小心地滑"告示牌、尘推、铲刀、簸箕和扫帚、榨水车、湿拖布头和手柄、地擦机及水箱、红色清洗垫、手用擦洗垫、5 厘米宽胶带、落蜡桶及脱水盘、落蜡拖布头、超霸起蜡水、吸水机、面蜡（其他用品同刷洗和补蜡程序）。

（7）地面刷洗。

操作步骤：

①将可移动的家具挪出房间，确保走廊放置的家具和清洁车不影响清洁工作，紧急出口处无障碍物。

②干拖地面。

③放置"小心地滑"告示牌。

④准备地擦机并添加已稀释好的超霸起蜡水（配兑比例 1：10）。

⑤用宽胶带将作业区进行封闭，确保地面整洁。

⑥人工手动或使用角向清洁机清洁踢脚板、墙角及机器够不到的地方。

⑦开始启动地擦机前，先察看来往的人流，如果有行人不断地通过，就将整个作业区分块进行清洗，走廊操作必须如此。无人通过或在一个封闭的房间时，可一次完成整体刷洗。

⑧将地擦机放置在墙边，将清洗垫安装在地擦机上的驱动针盘上，注意电源线的插放不要影响过往行人。将地擦机的手柄调节到合适的位置上。

⑨启动地擦机，从一边开始，清洗到另一边。适量释放水箱内的超霸起蜡水，将地面润湿，但不要使用过多的清洁剂。

⑩地擦机后退操作，采用圆圈覆盖方式刷洗地面，清洗路径不要留有缝隙。

⑪当每个作业区刷洗工作完成之后，用吸水机将刷洗溶液除净，用换上干净凉水的地擦机清洗 3 遍。待地面晾干后，再对下一个作业区进行刷洗（吹风机可帮助风干）。

（8）地面补蜡。

操作步骤：

①将蜡液倒入落蜡桶内或根据面积决定。

②将落蜡拖布头沾到蜡液中，使整个毛面完全浸湿。

③将浸湿的落蜡拖布头从桶中拿出，将其放在脱水盘上轻轻地压干，拖布头上多余的蜡液和泡沫通过脱水盘排出。

④落蜡前，先用软布完成踢脚板的落蜡，然后将范围划定在 3~3.5 米。落蜡时，从一边开始拖到另一边，注意落蜡路径不要留有缝隙（接缝处重叠）。地面上的落蜡点应及时抹平以防风干后留下斑点。

⑤根据需要，将落蜡推布头再次浸入蜡液内，继续进行地面落蜡。

⑥落完一遍蜡之后，当第一遍蜡干透后再落第二遍、第三遍（共 3 遍）。需要干透的时间由当时的湿度和温度而定（自然干燥 45~120 分钟）。第二遍落蜡要从距踢脚线 12 厘米左右的地面开始，踢脚板线应只落一遍蜡。

⑦即使在落蜡前已对地面进行过清洁，但在落蜡过程中，落蜡推布头会沾有毛绒和灰尘等物沉淀到桶底，为了保证落蜡效果，这时有必要对装蜡液的桶进行清洗，并换上新的蜡液继续落蜡。

结束工作：完成落蜡之后，用热水冲洗桶、脱水盘、驱动盘、落蜡布头和蜡拖架，以防止蜡液滞留在工具上。如你马上还要使用这套工具，就没有必要冲洗落蜡布头，只需卸下落蜡布头和驱动盘，将落蜡布头放入落蜡桶，盖上盖以便保持湿润。如果落蜡布头要保存一段时间，要放在热水里反复冲洗，然后彻底拧干，挂起。将地擦机的操作手柄提升到正确的位置上并锁住，将地擦机翘起，使其回到把柄处，将清洗垫卸下，装入塑料袋内。将水箱内的液体倒空，清洗并擦干，并将所有的设备放回原处。在地面干透之后，将"小心地滑"告示牌放回原处保存。

注意事项：落蜡地面干透后将家具放回原处，注意要将落蜡的地面保护好，勿将蜡面划伤或损坏。如果使用吹风机，最好在落蜡表层干燥后使用。如果表层未干，则会起皱。落蜡 24 小时后进行喷磨和高抛，进入日常维护循环。落蜡布头如果是新的，要事先做脱水处理。

（9）彻底起蜡和落蜡。

必备物品："小心地滑"告示牌、尘推、黑色清洗垫、手用清洗垫、地擦机及水箱、5 厘米宽胶带、落蜡桶及脱水盘、落蜡拖布头、吸水机、超霸起蜡水、面蜡、底蜡（注意：除超霸起蜡水配兑方式及清洗垫种类使用不同外，其他用品同补蜡程序）。

操作步骤：

①将可移动的家具挪出房间，确保走廊放置的家具和清洁车不影响清洁工作，出口

处无障碍。

②放置"小心地滑"告示牌。

③干拖地面。

④用5厘米宽的胶带将作业区域进行封闭，避免起蜡水和蜡液进入非作业区。

⑤准备地擦机，用温水稀释超霸起蜡水（配兑比例1:4）。

⑥用拖布将起蜡水均匀地涂擦在地面角落、墙边和踢脚板上，等待起蜡水反应5~10分钟，让旧蜡软化。以手用清洁垫、铲刀或其他清洁工具刷洗墙角、踢脚板及其他地擦机够不到的地方。

⑦将地擦机靠墙放置，将黑色清洁垫安装在地擦机的驱动针盘上，注意电源的插放不要影响过往行人。将地擦机的手柄调节到合适的位置上。

⑧启动地擦机前，须察看来往人流，将整个作业区分块进行清洗；如果无人通过时，便可对整个作业区进行刷洗。

⑨启动地擦机，从一边开始清洗到另一边。采用圆圈覆盖方式洗刷地面。地擦机向后退着操作，清洗路径不要留有间隙。

⑩用吸水机先将起蜡水清除，然后用清水冲洗至净（建议使用热水冲洗3遍或以上）。等地面晾干之后，再进行下一个作业区的刷洗。

⑪地面落蜡及结束程序、注意事项同刷洗补蜡程序。

3. 清洁保养的注意事项

（1）大理石地面：①使用前必须清洗，打蜡；②重视防护工作：铺放防尘垫，日常保洁，打蜡保养，抛光保养，日常清洗，定期清洁；③定期除蜡，打蜡，抛光；④避免使用酸性清洁剂。

（2）花岗岩地面：①打蜡抛光；②防护。

（3）木质地面：木质地面的清洁保养方法与大理石基本相同，但木质地面更"娇气"一些。木质地面的日常清洁宜用清尘剂浸泡过的拖把，不宜用尘拖。清洗地面污垢不宜用洗地机，只能用拖把和稀释过的中性清洁剂拖地。木板地面所用的封蜡和面蜡应为油性。

（4）水磨石地面：水磨石地面造价相对较低，而且美观耐用，通常铺在出入口、员工走道、楼梯等场所。水磨石地面对碱敏感，使用碱性清洁剂会使其粉化。在清洁保养时，通常选用含碘硅酸盐等清洁剂和合成清洁剂。

（5）混凝土地面：混凝土地面强度好、吸水性强，比较耐用。混凝土地面多用于停车场、楼梯、运输通道等处。日常保养中，可用扫帚、湿拖把清洁，必要时用中性清洁剂清洗。

（6）瓷砖地面：瓷砖用耐火土烧成，地面光滑，有不可渗透的特性。日常清洁保养中一般无特别要求。

（二）地毯

地毯是一种高档地面装饰材料，它不仅可以美化环境、营造氛围，而且还有助于吸音，并提供舒适的踏足地面和清洁、安全的工作、居住场所。据统计，星级酒店的地毯铺设面积要占其总面积的 65% 左右。由此可见，地毯的清洁保养是酒店保洁工作中的一个重要环节。

因此地毯清洁是地毯保养中很重要的一项工作，进行地毯清洁的操作人员要经过专业的培训。因为地毯清洁过程中要使用很多不同的机器和清洗剂，清洗的地毯的质地不尽相同，所以要想保养好地毯，就首先要使清洗人员掌握好最基本的要领，熟悉地毯清洗的程序和标准，只有这样才能做好地毯的清洗工作，达到地毯保养的最佳效果。

1. 地毯吸尘

吸尘是每天均要坚持做一次或者多次的清洁工作，它可以将地毯表面大约 80% 的灰尘吸走。在吸尘前必须用扫帚先把粗垃圾清理干净，再用吸尘器对地毯吸尘，彻底吸尘是保养地毯最重要的工作，用吸尘器吸尘不但可吸除地毯内的尘埃、砂砾，而且可减少地毯的洗涤次数，使地毯使用寿命延长。

2. 地毯的点清洁

（1）地毯污渍要尽快去除，最佳时间是 6 小时以内。

（2）通常情况下，地毯点清洁需要以下三件工具：药水、刷子、潮布（不是湿布）。

（3）酒店使用的地毯去渍剂一般是按照"原液：清水 =1：5"比例稀释，根据污渍脏的程度，可适当调整稀释比例为 1：8~1：1。稀释后的药水可装入扎有一个小孔的矿泉水空瓶中。

（4）如果发现污渍及时，只要用布蘸药水擦拭即可去除污渍。

（5）通常情况下，要将药水少量、均匀地洒在地毯污渍上。

（6）如果清洁个别污点，只要将药水少量洒在刷子上。

（7）用刷子顺着地毯的纹路来回刷。污渍小的，可以用牙刷来回刷。

（8）用潮布蘸需要点清洁的地方即可。

（9）最后注意：如果点清洁的面积较大，清洁完后，一定要用布盖住地毯，防止仍然潮湿的地毯被二次污染。

（10）总结起来，地毯点清洁只要"三件套"和"三步骤"，即"三件套"=药水、刷子、潮布，"三步骤"=洒、刷、蘸。

3. 地毯吸尘程序及标准

提供清洁干净的地毯，让客人感到舒适。

准备：吸尘器绕顺电线，插好电源。

（1）从里到外，顺毛吸尘。

（2）注意边角处及沙发、台裙下面的吸尘。

（3）用吸管头吸地毯的边角及踢脚线上方。

（4）注意不要磕碰墙边踢脚线或摩擦壁脚纸。

（5）对吸不干净的地方，要用潮湿抹布擦拭或刷子刷。

吸尘器使用注意事项如下：

（1）吸尘器绝对不能用来吸黏性物体和金属导电体粉末，吸尘器不能用来吸大的纸团、塑料袋、胶布及锋利和过硬的东西。

（2）吸尘器使用时，不得强行拉扯软管，开关插头不得乱扯乱拉。

（3）连续使用不得超过一个小时，以免电机过热烧毁。

（4）尘隔、尘袋每次使用后都要清理。尘袋不允许用水洗，当尘袋上的灰尘较多时，可将垃圾倒掉，拍打尘袋，并用另一台吸尘器来吸净尘袋上的灰尘。

（5）吸尘器在使用过程中，若发生异响、漏电或电机温度过高，应立即停止使用，查找原因。

（6）吸尘器不能放在潮湿的地方，随时注意吸尘器的外部清洁。

（7）机器运行期间人不能离岗，严格按照操作规程操作，防止发生事故。使用中人员若要离开，电源要及时切断。

（8）使用时严禁将手和脚放到吸口下，以免发生危险。

4. 地毯的清洗程序

（1）冷、热抽洗地毯的操作程序：

①对地毯进行吸尘；

②清除油溶性污渍；

③清除水溶性污渍；

④污渍较重的地方，用装有清洁剂的喷壶，均匀地喷在污渍处，等几分钟后，待污渍溶解，再开机操作；

⑤将地毯低泡清洗剂，按比例兑水进行稀释；

⑥将兑好的清洗液加入地毯抽洗机中，进行全面清洗，为防止污水箱内因泡沫过多而影响工作，可在水箱中加入适量的除泡剂；

⑦开机操作，由里向外，直线拖扒头至适当长度，关闭喷水器，在原线上拖动扒头以吸去多余的水分；

⑧将扒头移至另一行，重复上述动作；

⑨用手扒将边角清洗干净；

⑩盖上盖单，防止清洗后的地毯被污染。

（2）干泡清洗地毯的操作程序：

①对地毯进行吸尘；

②清除油溶性污渍；

③清除水溶性污渍；

④将打泡箱安装在低速清洗机上；

⑤将干泡地毯清洗剂按比例兑水稀释，加入打泡箱内；

⑥把地毯刷盘装在低速地擦机底盘上，接通电源；

⑦开放泡量掣，待泡沫充满地毯刷后开动地擦机，将清洗泡沫擦入地毯中；

⑧干泡地擦机操作行走的方向是：横向由左至右，然后移至另一行，由右至左，直至全面清洗完毕；

⑨用吸地机将被清洗出来的污物彻底吸除干净；

⑩进出口处，盖上保护单衬，防止清洗后的地毯被污染。

5. 地毯清洗的标准

（1）按清洗剂的配比标准合理使用清洗剂。

（2）不得混用清洗剂。

（3）去污要彻底，对重垢和油垢先做特殊处理再清洗。

（4）清洗后的地毯要抽干，不花，无黑条印迹，无残留地毯毛。

（5）地毯的边、角、口要清洗完整。

（6）地毯清洗后绒毛要求不倒、不乱。

（7）地毯清洗干净后盖好保护单。

（8）待地毯彻底风干后，将地毯吸干净。

（9）遵守操作时间，工作完毕后现场要保持整洁。

6. 地毯的保养

（1）采取必要的防污垢措施。如入口处放置防尘垫等方式。

（2）喷洒防污剂。地毯在使用前，可以喷洒专用的防污剂，在纤维表面喷上保护层，能起到隔离污物的作用，即使有脏东西，也很难渗透到纤维之中，且很容易清除。

（3）隔离污染源。要在出入口处铺上长毯或擦鞋垫，用以减少或清除客人鞋底上的灰尘污物，避免将污物带入，从而减轻对店内地面的污染。

（4）加强服务。周到的服务也可防止污染地毯。

（5）经常吸尘。吸尘是清洁保养地毯的最基本、最方便的方法。吸尘可以清除地毯表层及藏匿在纤维里面的尘土、砂粒。空房间三天吸一次。

（6）局部除迹。地毯上经常会有局部的小块斑渍、污渍、烟洞等，要迅速及时处理，在日常清洁保养中，这些小块斑渍即使最终能清除掉，也会给地毯造成损害。

（7）对处理不干净的要及时上报领班及管理人员安排地毯工修理或清洗。

第二节　公共区域清洁标准与流程

一、大堂的清洁与保养

大堂是酒店内日夜使用的场所，它的状况好坏，会给来宾留下深刻的印象，因此需要日夜不停地进行清洁保养。

（一）大堂日间清洁卫生

1. 推尘

大堂若是硬质地面，在客人活动频繁的白天，必须不停地进行推尘工作，使地面保持光亮如镜。雨雪天时，应在大堂入口处铺上蹭鞋垫（踏垫）和小地毯，放上存伞架。

2. 整理大堂休息处的沙发、茶几、台灯等

由于客人使用频繁，必须随时整理归位。地面上，沙发、茶几上若有果皮、纸屑，应及时清理。对倚在扶手靠背上的客人应劝其坐在沙发座上，不允许在沙发上睡觉。

3. 除尘

负责大堂清洁的服务员必须不断地巡视大堂各处，抹去浮尘，包括大堂内各种指示牌、公用电话机、总服务台、台面灯座、电梯厅、花盆和大堂玻璃门等。

4. 其他工作

大堂休息处若铺有地毯，服务员应定时吸尘，定时用酒精清洁公用电话；还应清洁大堂公共洗手间；经常用抹布擦拭大堂区域绿色植物枝叶上的浮灰，清理过道地面等。上述工作，一般在日间进行，服务员应根据客流情况，一般要求一至两小时循环一次，进行上述工作时应尽量不影响客人和其他员工。

（二）大堂晚间的清洁

大堂进一步的清洁保养工作，一般在晚间进行，因为那时人流量减少，影响较小。夜间大堂服务员的工作内容主要有：吸尘、清扫地面、用拖把拖洗大门外的地面、洗刷地毯、家具除尘、倒净并擦净污物筒、擦净墙上、木器上、金属面上、门上、把手上等处的指印或污点、用铜油或不锈钢清洁剂擦净擦亮所有铜器、不锈钢器具、洗净擦亮所有的玻璃门和镜面。

（三）大堂清洁标准

（1）天花板及吊灯、筒灯无积尘、无蛛网，灯饰光洁无锈蚀。

（2）墙面无污渍、无灰尘、无非营业性告示。

（3）地面无纸屑、无明显污渍及脚印。

（4）沙发洁净无污渍，坐垫平整，茶几上无客人遗留的废弃物。

（5）铜器无手印、无积尘、无铜锈。

（6）花盆、花槽内无烟头，无纸屑，盆架无灰尘。

（7）电话机无污渍、无异味。

（四）大堂清洁保养要求

（1）准备好当班的各种清洁用具、用品、清洁药剂和需补充的客用品，检查工作用机器是否正常。

（2）擦拭大门的玻璃和门框的手迹。

（3）擦拭绿色植物叶面上的灰尘。

（4）用经牵尘液处理后的尘拖进行地面的全面拖尘。

（5）对前台、地面、桌面进行除尘。

（6）对大堂内的装饰品及铜件、电镀件进行擦拭和抛光。

（7）用吸尘器吸净大门口的地毯（脚垫）上的杂质和尘迹。

（8）对客梯内外进行清洁。

（9）对各种铜质标牌、路标、指示牌进行抛光。

（10）遇有雨雪天气在门外加铺蹭脚垫，放置伞架并准备伞袋或塑料袋。

二、客用电梯和自动扶梯的清洁保养

如同大堂一样，电梯也是使用频繁，需要经常清理的地方。酒店的电梯有客用电梯、员工电梯、行李电梯及运货电梯几种，其中以客用电梯的清洁最为重要，要求也最严格。

1.注意事项

（1）清洁电梯时要选择客人进出较少的楼层，以免影响客人和增加噪声。

（2）用玻璃清洁剂擦拭电梯轿厢内玻璃。

（3）对电梯的不锈钢门和框进行擦尘和上光。

（4）对电梯轿厢内的墙面进行擦尘和除污。

（5）擦拭电梯内的广告箱牌。

（6）对电梯按钮和楼层指示灯用酒精擦拭，消毒，发现字迹不清或缺少时要及时更换和补充。

（7）对电梯内地毯进行吸尘，对石材地面进行擦拭、除尘和保养。

（8）对自动扶梯的缝隙中的油渍和污渍进行清洁。

（9）自动扶梯的金属部分和玻璃墙用专用清洁剂擦拭净。

2. 具体的清洁维护工作

（1）清洁前准备。

①依规定时间（非营业时间或客人较少的时间），并需事先于电梯外放置工作中的指示牌。

②确认无客人时，才可开始清理，并一次以一台为主，以免造成客人上下的不便。

（2）清理程序。

①电梯内部的清洁固定于地下室，电梯的外部则在各楼层。

②外门的清洁。a. 以清洁壶喷洒清洁剂于门板上，由上至下均匀喷洒。b. 以干抹布由上而下，有规律地擦拭。c. 注意如果有特污处要用力擦净。d. 擦至完全没有污渍及手印为原则。e. 擦拭时门框若有不锈钢部分，则要用不锈钢剂擦亮及保养。

（3）清理后整理工作。

①收拾工具，将脚垫（如有时）归位。

②检查灯具等是否故障，并定时逐项巡逻，以保持整洁干爽。

三、公共卫生间的清洁与保养

星级酒店的公共卫生间都有一套完整的清洁操作程序的标准，因为有专门的基层管理员进行验收，所以一般都能保证公共卫生间的清洁卫生。酒店的公共卫生间给酒店住宿的客人使用，同时也为一些在酒店内就餐的客人使用，酒店公共卫生间的清洁度能够彰显酒店的管理层次。

酒店公共卫生间的清洁操作程序如下：

（1）酒店清洁员工是公共卫生间清洁的直接负责人，基层管理者应该经常对其工作进行检查与监督。

（2）公共卫生间清洁频率：清洁员必须每天上午、下午各清洁一次，每周对卫生间进行一次消毒。

（3）清洁方法：清洁时必须用卫生间专用清洁设备（如毛刷、污物粉、扫帚、清洁剂等）对便池、洗手池、地面、墙面进行清洁，并用清水冲洗，用拖布或抹布擦拭干净，必要时喷一定清洁剂清洁。

（4）保持公共卫生间的清洁，地面不应该有积水和明显的污渍，如有，应立即清除。

（5）提醒使用公共卫生间人员应该养成良好的卫生习惯，便池用完之后应立即用水冲洗干净，并随手关好卫生间的门。

（6）对异味应及时喷洒酒店专用香氛剂。

四、办公区域的清洁保养

行政（后勤）办公室清洁维护如下：

（1）每日固定于下午清倒垃圾，每日一次。

（2）由清洁主管排定时间，每周吸一次地毯或进行地板清洁（部分酒店将此部分的工作由外包商承揽，可节省人事成本）。

（3）办公室特殊事项保养。由清洁主管制定保养日期及项目，如窗帘、各式家具及设备、通风口、冷气等，定期清洁保养（部分酒店将此部分的工作由外包商承揽）。

（4）办公室内的重要橱柜及古董、字画、摆设等，由各办公室自派专人保管及保养。

五、员工区域的清洁保养

（一）员工更衣室及浴厕清洁维护

（1）每日必须定时刷洗淋浴间及员工用厕所，刷洗方法同客用部分清洗方式，但用拖把将地面拖干即可。刷洗时请员工配合，尽量不要使用，以免干扰作业。

（2）更衣柜区域每日至少用清洁剂拖一次地面。

（3）由清洁主管排定时间，每日须至少两次清倒所有垃圾。

（4）随时保持厕所的清洁干爽，并随时补充足够的卫生用品，如卫生纸、擦手纸、洗手液等。

（5）随时注意更衣室内安全、灯光及设备的完善，若有故障项目应立即填写"请修单"，并追踪请修结果。遇有任何问题必须立即汇报，让主管了解情况。

（6）每月安排一次更衣室内设备的保养工作。

（二）员工用饮水机清洁维护

1. 清洁前准备工作

（1）依清洁保养时间做清洁维护作业。

（2）先将饮水机台面的残渣清除，并试压开关以确定其出水的正常。

（3）确认将饮水机开关关闭后再行清理，以免清洁时有触电的危险。

2. 清理程序

（1）以抹布将饮水机外部擦干净，不能用抹布擦拭饮水头以确保卫生。

（2）特污的清洁：

①以稳洁（一种清洁剂）喷洒于机体上，由上至下均匀喷洒。

②以干抹布由上向下，规律擦拭。

③注意如果有特污处要以百洁布加上热水清除。

④不锈钢机体则要用不锈钢剂擦亮及保养。

3. 清理后整理工作

（1）将饮水机四周地面水渍拖干。

（2）收拾工具归位。

（3）检查维护保养（换滤心部分）是否依时间进行，若无，则须向清洁主管反映，并定时巡逻以保持整洁干爽。

六、酒店外墙的清洁

酒店外墙应定期清洗，既可由酒店自行清洗，也可委托专门的清洁公司进行。

七、停车场清洁维护

（1）每日定时清理停车场垃圾桶，捡拾停车场的垃圾、枯叶，并按时在巡视表签到。

（2）每月固定对停车场地面做一次彻底冲洗与除污（油渍）工作。

（3）定期保养停车场的设施（如指标、灯号）等。

（4）检查灯具及照明设备等是否有故障，并定时巡逻以保持整洁。

（5）随时注意停车区域内的安全状态，遇可疑紧急情形，必须立即呈报主管处理。

八、室内公共区域的卫生要求及质量检查标准

（一）大堂

要摆放鲜花盆景，艺术品陈列台表面清洁，吊灯美观、华丽、无尘，壁画光鲜，悬挂端正。地面干净无渣物，地毯边角无积尘、无污渍（油漆、茶渍、咖啡渍），表面花纹清晰鲜明、无烧烤痕迹，要求干净平整。大堂四壁无灰尘，玻璃明亮无痕，沙发、椅子、服务台、广告牌等陈设整齐无尘土。各处镜子、金属门扶手要保持光亮。

（二）客房部门的楼层环境

服务台、楼梯、楼道及各角落、物品陈设整齐无尘土，地毯无脏污，暖气、空调机、墙壁无灰尘，玻璃、各种照明设备、楼道及楼梯地面光洁明亮。

（三）会议室及休息室

台布清洁干净、无污迹、无破洞、地毯保持平整松软无污物，无地毯的地面光亮无灰尘，椅子、沙发、花架、台板等布局合理、整洁。

（四）值班室、职工休息室、更衣室

卫生要保持如同客房一样的水平。

（五）公共洗手间

公共洗手间的卫生要做到每日清扫消毒，随时保持清洁，空气清新无异味；四壁瓷砖光洁，下水通畅，无污物堵塞；穿衣镜明净光亮，手纸、香皂、毛巾保证供应；便桶、便盆、水箱等损坏或发生故障要及时修理。整个公共场所内卫生质量要求是：便桶、便池无尿碱、尿迹、无异味，地面无脏迹，纸篓及时清理，洗手池、烘手器设备完好，保证使用。

九、室外公共区域的卫生要求及质量检查标准

（一）地面

门前地面实行分片卫生管理，无痰迹、无纸屑、无烟头。建筑物之间的通道清洁、无堆积物、停车声画线鲜明，场内无油渍、烟头、废纸、垃圾等。

（二）设施

栏杆无积尘，定期油漆；宣传栏布置得体，字迹、图片鲜明；路标指示明确；垃圾箱内垃圾不外溢，及时清理，表面干净无污渍。

（三）绿化

门前要摆放花木、花卉，有条件的门前种植草，通道要种植花木，定期浇水，定期喷洒防虫剂。道路两旁的树墙要定期修剪，保持整齐美观。

清洁工作的要求：

（1）保持周围环境的清洁。

（2）保持花园的清洁。

①清扫花园的工作，包括停车场地面，每天应用扫帚清扫，及时除去地面上的垃圾。停车场还应用拖把定期擦洗。

②对于草地、盆景、花木等应按规定进行浇水、施肥、修枝整形、除草灭虫等工作。

③庭院、花园的地面一般每周应用水冲洗一两次。

④酒店大门前要不停清扫。门前清扫通常应先喷洒适量水后再清扫，以防起灰尘。

⑤对汽车带到门前的泥沙、污渍及时清理。门前的花盆、花槽、防滑地面毡下的泥沙每天要清理两三次。地毡要定期换洗。门前的地面也要定期用水冲洗，一般每星期应冲洗一两次。

十、酒店公共区域计划卫生保养清洁标准

计划卫生是日常卫生清洁工作的补充，是全面清整日常工作中没有做到的清洁工作。计划卫生的完成能够对设备进行有效维护和保养；计划卫生能够明确各项工作任

务，合理安排人力和机器设备的使用，特别是对设备的保养能起到极佳的作用。

（一）地面保养

多数宾馆、酒店的地面采用大理石和木地板两种。对以上两种地面要进行打蜡清洁，地面打蜡不仅是一项清洁工作，也是一项保护地面的措施，能起到防腐、防潮、延长地面材料的使用寿命的作用。打蜡一般一个季度进行一次，但还要根据客流量、地面的磨损程度，适时安排打蜡。

地面清洁保养应注意以下问题：

（1）大理石地面。大理石的主要成分是碳酸钙的晶体，大理石的漂亮色泽由石内的杂质所形成。不同的大理石，其密度及韧性有很大差别，但其主要成分相同，故清洁保养方法大致相同，清洁保养应注意以下几点：

①避免使用酸性的清洁剂，因为酸性清洁剂与碳酸钙可发生化学作用，能使大理石失去韧性，腐蚀大理石表面，使其失去光泽。

②避免使用粗糙的东西摩擦，否则会使大理石面永久磨损。

③避免使用砂粉或粉状清洁用品，因为此类清洁用品干燥后会形成晶体，留在大理石表层洞孔内，造成表层爆裂。

（2）木地板。木地板通常是由不同厚度的软性或硬性木质材料制成的。制作上有的木板直接铺在水泥地面上，而有的是在地面上放木制的骨架，将木板条镶钉在龙骨上。此类地面需要精心制作、施工和保养，才能够既美观又耐用。这些木板经过长时间的风干处理，不易变形或腐烂，但是过度的潮湿会使之变形，清洁工作应注意以下几点：

①避免用水拖把擦地面，更不要用水泼地面。木地板遇水后会出现变形、松脱或干裂等现象。

②天气潮湿时要注意做好通风工作。

③避免用过重的尖锐的金属在上面推拉。

④地板上的污迹避免磨刨，否则会使木板表面受损或变薄而不符合使用的要求。

（3）瓷砖地面。瓷砖是由黏土混合于水放在窑中烧制成。黏土是矽化铝和其他物品的混合物。瓷砖有表面平滑光亮和不平滑光亮两种，光滑的瓷砖有一层与瓷砖本身不同质的不透水物质表层，不光滑的瓷砖则没有，将瓷砖镶在凝土上便成为墙面或地面。清洁瓷砖地面注意以下几点：

①避免使用强酸清洁剂，因为此类液体浸蚀瓷砖表面及接口，会使瓷砖失去光泽和发生脱落。

②避免用粗糙的物体磨擦，以免瓷砖被磨损，失去光泽。

③避免用粉状清洁用品，因为此类清洁用品干燥后在瓷砖表面形成晶体使砖面燥裂或接缝裂开，导致砖体脱落。

（二）擦拭灯具

各类灯具，特别是吊灯、顶灯除日常擦拭其表面外，还要定期进行清洗，每次清洗都要做好周密的计划。

1. 选择适当的时间

清洗公共区域的吊灯应选择在夜里进行，宴会厅和多功能厅的吊灯应根据宴会预定情况而定，一般选在宴会厅或多功能厅连续两三日内无活动的情况下进行。在人员许可的情况下白班和夜班同时清洁，缩短清洗时间，避免影响酒店和宴会厅的正常使用。

2. 安排有效人力

清洗大型吊灯是项费时费力的工作，须提前安排好人员，特别是要挑选有经验、耐心和细心的员工来做这项工作。因为吊灯价格很昂贵，易损坏，配件不易采购，管理人员一定要在现场监督、检查和指导。

3. 准备清洗用具和用品

由于吊灯或顶灯在高处，要准备好升降机或梯子、旋具、水桶或水盆、专用清洁剂或白醋、擦布等。

4. 擦拭灯具

擦拭灯具要切断电源。擦拭时要先用潮湿布擦尘，然后再用干布擦净。根据灯不同的质地，使用不同的方法进行擦洗。玻璃和水晶制品的擦拭方法为：将灯饰摘下，浸泡在专用的清洗剂或用白醋与水兑成的液体中，进行清洗，然后用水洗净，最后用干布擦干。铜质和电镀制品的灯饰要用专用的清洁剂擦拭，擦拭后要用干布擦净，灯饰表面不得有残留的清洁剂，以免残留时间过长对灯具和灯饰有腐蚀。灯泡要用干布轻轻擦干净，严禁使用湿布和湿手擦拭，以防止危险事故的发生。操作完毕后，要按原样将灯饰装好。

5. 灯具装饰完毕要进行仔细的检查

检查安装得是否牢固，有无部件短缺，安装效果是否与原来一致，既保证安全又达到美观。

6. 检查灯具的照明情况

擦拭、安装完毕后，开灯进行查验灯泡是否有不亮的。有的吊灯需上百个灯泡，经长时间使用有些灯泡会烧坏，日常更换比较困难，有些酒店在定期清洗吊灯时，无论好坏都将灯泡全部换下，坏的灯泡丢掉，好的灯泡可以安到别的地方继续使用。

7. 注意安全

擦拭吊灯安全问题是一项应特别注意的问题，在操作中，操作后及使用中都要注意安全，不能有一点疏忽，保证万无一失。

（三）擦铜器

在公共区域内有很多铜质设备和装饰物，如广告架牌、指示标牌、栏杆、门扶手等等。擦拭铜器有一些专业的要求，得当的擦拭方法是对设备的保护，反之，是一种破坏，因此在操作中必须按要求去做。铜器分为纯铜和镀铜两种，擦拭方法也不同。擦拭纯铜制品时，先用湿布擦去尘土，然后用少许铜油进行擦拭，直到污迹擦净，再用干布擦净铜油，使其表面发光发亮。擦拭后铜制品表面不能留有铜油，以免在使用过程中弄污客人的手或衣物。镀铜制品不能使用铜油擦拭，因为铜油中含有磨砂膏，经过擦磨后会损坏镀铜的表面，不但影响美观，也会减少使用的寿命。镀铜制品的擦拭要使用专门的清洁剂或用车蜡，或兑水的醋，可使其表面发亮、发光但不会损伤镀铜的表面。

（四）擦窗及玻璃

擦窗和擦玻璃是定期清洁工作中的一项重要内容。公共区域保洁员经常要擦各种类型的窗和玻璃，因此，公共区域保洁员要掌握擦窗和擦玻璃的技巧。

1. 掌握擦窗和擦玻璃方法

擦窗前先将窗框上的浮灰擦净，再擦窗和玻璃，擦玻璃有不同的方法。

（1）用潮干布擦。擦布要用质地软硬适中，光滑无毛容易吸水的布，先将布用清水或兑有玻璃清洗剂的水揩潮。擦玻璃时按先中心后四角或先四角后中心的顺序反复揩擦，直至玻璃擦亮为止。

（2）水擦有两种不同的方法，一种是用布蘸水擦，另一种是用专用的玻璃刮。用水擦是用水把布蘸湿后，在玻璃表面揩擦，对一般的玻璃用清水或兑水的玻璃清洁剂擦拭。布蘸水后的湿度要适宜，要防止因布滴水影响墙面或其他地方的卫生。用玻璃刮进行刮擦，要先用带有棉毛头的擦水手柄蘸清水或兑水的玻璃清洗剂，将玻璃表面擦干净，然后用玻璃刮按横向或纵向将玻璃表面的水迹刮干净。玻璃刮每刮一下，就要用布将玻璃刮上的水擦干，以免将玻璃刮花。刮玻璃时要注意玻璃的四个边角，不能留有水迹。

2. 注意安全操作

擦玻璃要选择工作认真、身体较好的员工。有心脏病和高血压的员工切勿高空擦玻璃。在高空擦玻璃时必须系好安全带，思想集中，室外擦玻璃要注意天气的变化，夏天不要暴晒，以防中暑。刮大风时也切忌擦玻璃，以免发生危险。

第四章　客房常用清洁器具与清洁剂

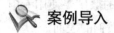 案例导入

清洁剂使用不当也会致命

凡是有益的，使用不当也可能就是有害的。在日常生活中，我们每天都会与清洁剂打交道。比如：洗衣粉、洗洁精、消毒剂、漂白剂、洁厕灵、杀虫剂，空气净化器等，我们每天都会用到各种各样的清洁用品。在方便人们生活的同时，清洁剂也会给人们带来多种健康危害。比如，这些东西所含的化学成分会导致皮肤、免疫系统功能、血液系统、神经系统以及生殖系统受损，甚至引起窒息。曾有酒店清洁员工在清洁卫生间同时使用消毒剂与洁厕剂，刚刚清洁完毕，客人回来使用卫生间，关上门后，许久不见客人出来，清洁员敲门无人应，后来强行打开门，发现客人已经窒息。经查验，是消毒剂与洁厕灵混合使用且使用不当造成的悲剧！

因此，酒店应加强清洁员工对各种清洁用品的成分和功效的认识。平时使用清洁剂进行清洁卫生时必须戴上橡胶手套，而使用后应及时用清水冲洗干净，尤其要避免多种清洁剂混合使用，使用后必须及时开窗通风。

第一节　客房常用清洁设备

酒店客房在清洁服务过程中，清洁设备发挥着高效清洁的作用，在降低清洁人力成本的同时也提高了工作效率和清洁度，在清洁服务中扮演着重要的角色。

一、酒店清洁设备的分类

通常，酒店清洁设备分三大类：

（1）地毯保养与清洗设备：吸尘/吸水机、干泡地毯清洗机、蒸汽地毯抽洗机、直

立式滚刷地毯保养机。

（2）硬地面清洗与保养设备：多功能擦地机、吸水机、自动洗地机、高速抛光机、晶面处理／翻新机、手提／楼梯打磨机、推式／座式扫地机、高压冲洗机。

（3）其他物体表面保洁设备：背式吸尘机、沙发／布面干泡清洁机、高温蒸汽喷雾器、高空作业升降机、扶手电梯清理机、游泳池吸污机、中央空调管道疏通机、其他保洁辅助工具。

以上这些清洗与保洁设备是酒店 PA 部门及工程维护部门必不可少的清洁设备。特别是现代大型国际酒店与连锁酒店集团，拥有这些设备是提高工作效率和标准化的需要。

二、采用自动机械清洁设备的优点

（1）清洁标准更高。

（2）清洁效果平均。

（3）提高效率。

（4）容易管理。

（5）操作员工作更轻松。

（6）改善酒店形象。

三、酒店常用清洁设备的使用和保养

（一）洗地机

洗地机有不同的分类方式，按洗地机的驱动方式来分，可分为半自动洗地机、全自动洗地机和手推式洗地机。

按电源供应方式分，可分为电线式洗地机和电池式洗地机。

1. 全自动洗地机的规范使用

（1）使用机器先仔细阅读使用说明。

（2）污水箱应添加消泡剂，清水箱可根据地面污渍按一定比例添加相应的清洁剂，刷盘电机驱动刷头，清洗地面，在清洁液的作用下，发挥出更好的清洁效果。吸水扒在吸水电机和刮带聚水的作用下，将地面上的污水吸入污水箱带离现场。动力电源有两种方式，一种是交流电，另一种是电池。行驶方式：有动力驱动行驶，操控轻松省力，效率更高；无动力驱动行驶，相对较为费力。洗地机的清洗效率一般是人力清洗效率的 10 倍以上，根据不同的机型、场地的布置情况会有所变化。总而言之，洗地机清洁能做到省时、省力、省钱、高效、更清洁。

注意事项：每天工作结束后应将污水箱及清水箱的水排放干净并用清水冲洗干净，

保持污水箱及清水箱内干燥。然后将刷盘或针盘卸下晾干。最后用毛巾将机器表面擦洗干净，整齐地停放在指定的工作间。

2. 洗地机刷盘

洗地机的刷子多种多样，但市场上主要以两种刷子为主：圆盘式和滚筒式，由于使用环境的不同，在中国市场上主要以圆盘式为主。不同的地面和卫生状况需要使用不同的刷子，如 PVC、大理石地面要使用针盘配红色百洁垫，水泥地、毛石地面一般使用硬刷。如果使用刷子不当不仅会给地面带来损伤，而且清洗效果也不太理想。因此广大用户在购买洗地机过程中要告诉工作人员酒店的地面状况和卫生状况，以便更好地推荐合适的设备。

3. 洗地机的日常保养及维护

日常使用的过程中我们应该对洗地机进行一些简单的维护，以此来减少零件的消耗，更大地发挥洗地机的优势，延长洗地机的寿命。

（1）在保养或清洗洗地机之前，必须关闭电源并断开电源插头，这样便于防止意外触电或零部件损坏。

（2）全自动洗地机的电瓶初次使用时，前三次充电时间应在 14 小时以上，之后充满即可。充电时间正常约 8 小时，如果采用较大电流对电瓶充电时间可能会比较短，但大电流会损伤电瓶寿命。可选择每天下班时充电，第二天上班时断开充电器。电瓶电量充满后充电器一般都会自动停止为电瓶充电。洗地机电瓶充电时请确保插座电源接触良好，充电器插头与电瓶插头接触良好。洗地机电瓶长时间不用时，应每隔两至三个月为电瓶补充电一次。洗地机电瓶极柱和电线接头上如出现氧化物应及时予以清除。

（3）每次洗地机工作完把污水排放干净，用水管或者喷枪对污水箱进行清洗。保证污水箱及其密封圈周围的清洁，防止堆积的污物阻塞污水箱。

（4）定期卸下洗地刷，对刷盘进行清洗。如果长时间不用刷盘，需将其卸下来清理干净，防止洗地机电流过大，影响正常使用，也能有效避免机器长时间压迫导致刷毛变形。

（5）定期对吸水胶条内侧进行清理，防止毛发等脏物堆积，影响刮水效果。

（6）机器使用后，保持吸水扒表面的清洁，这样可以降低损耗，延长它的使用寿命。

（7）长期不使用时应将水位管上端拔下，将清水箱内的清水放掉，防止洗地机水箱内的积水变质。

（8）定期用干抹布对蓄电池进行擦洗，保证蓄电池的清洁。防止微粒进入蓄电池，阻塞排气孔，影响正常使用。

（9）用干布把机身及机盘外、底部抹干净。

（10）应把机器放在干燥通风的地方，避免潮湿环境影响电机而缩短机器寿命。

（二）抛光机

1. 操作要领

（1）把机器平躺，然后在机器底部装上百洁垫。

（2）机体放平，使转盘连同百洁垫紧贴地面。

（3）启动电源开关，来回进行抛光。

（4）抛光时速度应保持 50 米 / 分钟，来回抛光 3~5 次。

（5）行与行之间要重叠 1/3，以免漏抛。

（6）用完之后关闭电源开关，卸下百洁垫清洗。

（7）盘好电源线。

2. 注意事项

（1）使用抛光机时，操作员工要把电源线背在背后，避免刷子接触电源线将电源线卷进刷子内。

（2）使用清洁剂时，注意不要让水弄湿马达和插头。

（3）操作员工一定要将手柄杆调到适合自己的高度，再按操作开关。

（4）使用机器前一定要检查电线是否磨损，插头是否有破裂松动。

3. 日常保养

（1）每次使用后，应把机身擦干净。

（2）操作前检查电源线是否破损。

（3）对轮子等活动部分应每月加油一次。

（4）每次用完后，保洁工应将机器使用状态记录于当日《工作记录》中。

（5）保洁领班应于每天下班前检查保洁工的工作记录，发现机器有异常情况应即时填写维修单，送公司维修，并做好记录。

（三）擦地机

1. 操作要领

（1）在机体底部逆时针方向安装针座或刷子。

（2）插上电源按下调节开关，将手柄杆调至便于操作的高度。

（3）抓稳操纵杆上下控制使机器左右移动。

（4）工作结束后拔掉电源线、卸下针座或刷子，清洗刷子或百洁垫。

2. 规范使用与维护保养

（1）使用机器前先仔细阅读使用说明。

（2）不准违反操作使用指示，特别不准在有易爆、易燃、酸性等腐蚀性的环境中使用。

（3）该机只供受过正确培训的人员使用。

（4）确保使用电压与机器的额定电压一致。

（5）避免电线受磨损、扭结、受热、油污和尖锐物体或被旋转刷盘所损。

（6）该机不能同硬物碰撞，不能在凹凸不平的地面上使用。

（7）机器上下楼梯须两人抬起搬运。该机器很重，不能让机器轮自行上下楼梯。

（8）一旦发现机器有异常现象，应立即停机，直到指定人员检查维修后才可使用。

（9）不要在机器上附加非配套使用的加重物。

（10）不允许将机器长时间停留在地刷上，这会令地刷变形。

（11）不可让马达通风口堵塞，不可用水冲洗机器。

（12）机器使用后要抹净并盖上防尘罩，存放在干净干燥无腐蚀性空气的房间。

（13）只可使用原装配件；只能由认可的专业人员进行维修。

（四）加重机

1. 加重机的规范使用

（1）使用机器前先仔细阅读使用说明。

（2）不准违反操作使用指示，特别不准在有易爆、易燃、酸性等腐蚀性的环境中使用。

（3）该机只供受过正确培训的人员使用。

（4）确保使用电压与机器的额定电压一致。

（5）避免电线受磨损、扭结、受热、油污和尖锐物体或被旋转刷盘所损。

（6）该机不能同硬物碰撞，不能在凹凸不平的地面上使用。推动机器时请取下配重铁，避免机器脚轮磨损。

（7）机器上下楼梯须两人抬起搬运。该机器很重，不能让机器轮自行上下楼梯。

（8）一旦发现机器有异常现象，应立即停机，直到指定人员检查维修后才可使用。

（9）不要在机器上附加非配套使用的加重物。

（10）不允许将水倒在马达上，不允许长时间不间断使用。

（11）不可让马达通风口堵塞，不可用水冲洗机器。

2. 维护保养

（1）机器使用后要抹净并盖上防尘罩，存放在干净干燥无腐蚀性空气的房间。

（2）可使用原装配件，只能由专业人员进行维修。

（3）如机器突然停机，马达出现异响，电机部分出现焦煳味道，请立即停止使用设备并切断电源，通知工程部或厂家进行检修。

（五）吸水机

1. 吸水机的规范使用

（1）使用本机前请仔细阅读使用说明。

（2）该机仅供受过正确培训的人员使用。

（3）严禁在有易爆、易燃气体的环境中使用。

（4）严禁吸除有毒、腐蚀性、刺激性的气体，以及液体、沙尘等堵塞通气口的物体。

（5）确保使用电压与机器额定电压一致。

（6）本机不适用于室外，不得停放在斜坡上。

（7）操作者不在场时，不得让机器空转。如无监护中使用，会因马达过热而损坏。

（8）该机不能给小孩使用。操作时要注意周围人员。

（9）手湿不能触摸插头、插座；不得使用破损的电线、插头、插座。

（10）加长电线的插头、插座要防水并离地。

（11）避免电线因被碾压、受热、尖锐物触及而受损。

（12）禁止在未安装好过滤或浮阀组件、马达罩时使用机器。

（13）清洁楼梯时要小心。

（14）禁止用主电线来拉动或运送机器。

（15）不用机器时要将插头拔出，拔出前先断开电源。

（16）使用前污水桶应添加消泡剂，若有泡沫或液体从机内溢出要马上关机。

（17）当污水满载浮阀中断吸水时，要立即关机并排放污水。

（18）吸水工作完成后立即清洗净水桶、浮阀组件、吸管、吸水扒等配件并正确复位，马达组件不能用水清洗。

（19）本机只可储存于干燥、无腐蚀性气体的房间，室内温度须在5℃~35℃。

（20）只可使用原装配件，只可由认可的专业人员进行维修。

2. 吸水机的操作

（1）使用吸水机时，将软管插入机身的进水口。

（2）插上电源，按动机身电源开关。

（3）控制机器前后移动进行吸水。

（4）当吸水机内水满时，关掉机上电源，将吸水软管放下，出水，把水箱里的水放掉。

（5）使用完毕后，拔掉电源线和进水软管。

3. 日常保养

（1）每次使用完毕后，应将水箱里的水放掉，用清水冲洗后，再用干抹布擦拭干净，以免发臭。

（2）用干净布擦干净机器、电源线。然后将电源线绕好挂在电源线架上。

（3）每次清洁后应将机器使用情况、检查结果记录于《工作记录》中。

（4）主管（领班）应每天检查清洁工的工作记录。若发现清洁工不按机器的使用操作要求工作或发现机器有异常情况记录时，应即时指导操作工填写维修单，送有关部门维修，并做好记录。

（六）擦地机

1. 洗地毯时的操作

（1）装上发泡箱拧紧固定螺丝。

（2）将出泡软管插在机器的出水口，把发泡箱电源插头插在机身上。

（3）逆时针方向装上地毡刷。

（4）插上电源按下调节开关，调节手柄杆至适合自己的高度。

（5）抓紧操纵杆，上下控制使机器左右移动。

（6）使用后拔掉电源线，卸下地毡刷并冲洗干净。

（7）卸下泡箱，并将清洁剂倒出。

2. 打蜡时的操作

（1）在机体底部逆时针方向安装针座、百洁垫。

（2）插上电源按下调节开关，将手柄杆调至适合自己的高度。

（3）抓稳操纵杆，上下控制使机器左右移动。

（4）当机器移动时，拉动喷蜡控制杆将蜡水喷出，由底盘的百洁垫将蜡水均匀涂在地面上。

（5）用完后拔掉电源线，卸下针座、百洁垫并清洗干净。

3. 注意事项

（1）开动擦地机时，电源线要在操作者的背后，避免刷子接触电源线将电源线卷进刷子内。

（2）使用清洁剂时，注意不要让水弄湿马达和插头。

（3）一定要将手柄杆调至适合自己的高度，再按操纵开关。

（4）使用完毕，不应随便使手离开手柄杆，应等机器完全停止后再切断电源。

（七）电子打泡箱

1. 电子打泡箱的规范使用与维护保养

（1）将打泡箱固定在单擦机连杆的支点上，放下固定板，上紧固定螺丝。

（2）把电源线接在单擦机的电源插座上，将打泡箱的泡沫软管连在单擦机的中央位入水口上。

（3）拧开水箱进水口上的帽盖，加入稀释好的干泡地毯清洁剂，再将帽盖拧紧。

（4）根据泡沫调节旋转钮上面的1、2、3档位，调节出泡量。

（5）待地毯刷周围充满泡沫时，方可开动单擦机进行干泡清洁。

2. 注意事项

（1）切莫让地毯洗得过湿。

（2）用完后，泡箱应排空清洁液，并将水箱清洁干净。

（3）旋开排水口，拆下并拿出过滤网，清洁干净后复位。

（4）每次使用完后，旋下并拿出打泡小铜头，彻底清洁干净后复位，清洁泡箱外壳。

（八）高压水枪

（1）设备维护规程中必须说明设备中的易损件；在清洗作业前设备装配和清洗作业后设备拆卸时都应对射流零部件进行特殊的维护检查，以确保其正常工作，每次都应检查各连接螺纹和操作者平时观察不到的其他内部零件；成套设备至少要遵照制造厂的要求进行检验和必要的常规维护。

（2）每天都必须检查动力设备，应确保燃料、油、介质和冷却水的正常供给；皮带应松紧适宜，没有剥皮、破裂等损伤；所有保护装置安全可靠、无损坏。每天都必须检查控制电缆和原动机控制装置。

（3）开机前应检查泵进水低压管路，高压泵可配备前置泵，以保证一定水压和适当流量的进水；作业期间应有水箱充足供水，水箱内无锈无脏。过滤器必须定期检查、确保其无堵塞和损坏。检查、更换清洗过滤器时，严防固体颗粒通过进水管进入泵和喷头。滤网过滤精度和过滤面积应与设备对水质和水量的要求相适应。

（4）软管与接头对设备的运行很重要，必须检查其外面有无钢丝断裂，有无因被压或磨损等引起的损坏，有无因内部破裂而引起的鼓泡等。

（5）缠绕在绞盘上的软管不能过度弯曲，以免压折或损坏；绞盘则应有足够的润滑油和良好的密封，以保证其正常使用。

（6）喷头在安装前，应用水冲刷设备管路，确保喷嘴无堵塞和损坏、喷头连接螺纹完好、无损伤；作业前必须修复或更换所有损坏的射流零件。

（7）作业前对控制阀、调压阀（溢流卸荷阀）、安全阀都必须检查，确保其清洁和性能良好，要定期对各种阀试车检验，及时修复或更换各种阀的损坏零件。

（8）对电气设备应做特别防护。作业前，必须检查所有电器盒、接头、旋钮、电缆和仪器、仪表有无损坏；这种检查应每天例行一次，确保作业时不会因水或磨料等侵蚀而损坏；所有电线接头要妥善放置；电动机初次接线或每次重新接线后，都必须检查其转向是否正确。

（9）每次作业前都要检查拖车的支承、连接和轮（胎）等，保持其完好移动。

（10）高压零部件组装与拆卸应使用制造厂提供和推荐使用的专用工具。

（11）当设备在寒冷环境下使用时，必须增加防冻措施，具体做法是：将喷枪（喷头）拆下，将出水管道插进供水水箱，开机打循环，使防冻剂在设备管路内循环。

（12）如果泵或软管中的水已经结冰，泵机组必须在设备除冰后将喷枪（喷头）拆下，使低压水流经设备以确保设备中无冰碴后，方可重新起动。

（九）吹干机

1. 吹干机的规范使用

（1）将机械移至将要工作的区域。

（2）接上电源线，开动机器（选择适用的风速）。

（3）机器工作中严禁移动，更换使用位置应关闭电源。

（4）机器应在平坦地面使用，避免倾倒。

（5）非专业人员禁止拆卸机器部件，以免影响风叶平衡。

2. 操作要领

（1）检查机器外观（如壳、开关、电源线等）是否正常，并试一下机器。

（2）选择合适的风速，分高档、中档、低档3速，接通电源。

（3）调整合适的角度，并放置在平稳的地方。

（4）在吹干过程中应不断地调整方向。

3. 注意事项

（1）在吹干过程中应注意角度，不要将房间内的物品吹乱。

（2）在吹干过程中应不断巡视，以免机器过热而损坏机器。

（3）地毯或地面吹干后，应及时收回机器，并复位。

4. 日常保养

（1）用干布擦拭干净机器、电源线，然后将电源线绕好挂在机器上。

（2）每次清洁后应检查机器使用情况，将检查结果记录于《工作记录》中。

（3）保洁领班应每天检查保洁工的工作记录，发现机器有异常情况记录时应即时填写维修单，送公司维修，并做好记录。

（十）吸尘器

1. 吸尘器规范使用

（1）使用前，应仔细看一遍说明书，然后对照说明书检查一下各种附件是否齐全，再按说明书步骤和方法将吸尘器各部分安装好。

（2）启动前，先核对一下电源的电压和频率，若吸尘器带有地线，应可靠接地。

（3）使用吸尘器时，应注意不要吸进易燃物（如沾有汤油的尘团、火柴头、未熄灭的烟头、易燃药粉等）、潮湿泥土、污水、金属屑等，以防损坏机器。

（4）每次连续使用时间最好不要超过 2 小时，以免电机过热而烧毁。

（5）启动前，还应检查机体上的集层过滤袋、框格是否放平放妥当，机体上应该关紧的门、搭扣或盖是否关好、盖严和搭紧，检查确认无误后才可启用。

（6）使用前，应当将被清扫场所中的较大脏物、纸片等除去，以免吸入管内堵塞进风口或尘道。

（7）吸尘器使用一段时间后，手感吸力会减弱。此时，只需彻底清除管内、网罩表面和内层（双层隔离层内部）的堵塞物和积尘，就能恢复原有的吸力。

（8）吸尘器使用时，一旦发现有异物堵住吸管，或有异常噪声、电机过热现象时应立即停止使用，否则会烧毁电机。吸尘器的贮灰箱（或贮尘袋）应经常清理，否则会降低吸尘效率。

（9）吸尘器使用时，要远离水泵、辐射源及炉灶等。

（10）对于一般化纤地毯、地板、沙发床等的清洁吸尘，输入功率为 600W 左右的吸尘器吸力已经足够。对于羊毛长绒地毯的吸尘，功率可大一些，但大于 1000W 的，在地毯吸尘时，反而有推不动吸刷的感觉。因此，选择功率大小适宜的吸尘器，既方便使用，也利于节省电力。

（11）对可调速的吸尘器不同吸力的使用，一般把最大的用于地毯吸尘，其次的用于地板吸尘，再次的用于床及沙发吸尘，最小的用于窗帘、挂件等的吸尘。

（12）有灰尘指示器的吸尘器，不能在满刻度工作。接近满刻度时，就停机清灰。

（13）吸尘器清理尘埃时，不要将手和脚放在吸入口附近，以免发生危险。

（14）吸尘器电线的绝缘保护层要保护好，吸尘器工作时要有人看管以防发生意外。

（15）吸尘器并非万能的垃圾收集箱。它对大的和极微小的东西也不能用，如大的垃圾因管道口径和吸力有限，自然吸不进去；极细微的粉末，如复印机的碳粉，吸尘器不能有效过滤，这些粉尘对吸尘器主机危害甚大。

（16）吸尘时注意不要让重物辗压在电源线上。

（17）只要科学使用吸尘器，而不必考虑省电，几个星期才使用一次（在环境清洁的情况下当然不必每日使用）。

2. 维护与保养

（1）每天下班前擦机身一次。

（2）工作完毕要及时清理干尘袋、尘网等微尘过滤系统。清理尘袋时尽量避免灰尘飞扬，否则将危害健康。及时清理桶内杂物和各吸尘附件，尘格尘袋在每次工作后必须清洁，检查有无穿孔或漏气，并用清洁剂加温水彻底清洁尘格和尘袋，必须完全吹干才能使用，严禁使用不干爽的尘格尘袋。要将滚刷上的缠绕物清理净。每次使用前后都应检查风口、管道、尘袋有无堵塞与泄漏。

（3）检查电源线及插头是否有破损，用完后把电源线圈绕成一扎挂置于机头顶盖挂钩上。

（4）吸水时应取下尘格尘袋后再吸水。注意控制水位，不要超过2/3，及时倒水。工作完毕后检查进风口有无堵塞或杂物，否则需做清理。检查浮波有无破损。吸水后，桶内污水应完全倒完，并保持干燥后选择通风干燥的地方放置（吸水功能只适用于干湿两用的吸尘器，干式吸尘器不能吸水）。

（5）清洁机器时，禁止用水清洗机器的任何部件。请用含水或中性清洁剂的湿布擦拭，主机头严禁浸入水中清洗，不要用汽油、香蕉水等有腐蚀性的清洁剂，否则会导致外壳龟裂。

（6）不要使机器处于长时间连续工作状态，连续工作时间请控制在2小时以内，否则会影响机器寿命。

（7）长期使用吸尘器时，会因过滤网网眼的堵塞而致使吸力下降。为了防止吸力下降，应定期用水清洗过滤网以及布袋，洗后在阴凉处晾干再使用，即可恢复吸力。

（8）防止机头进尘、进水、受潮。

（9）若主机发热，发出焦味，或有异常振动和响声，应及时送修，不要勉强使用。

（10）软管不要频繁地折来折去，不要过度拉伸和弯曲。

（11）吸尘器的放置位置。机器应停放在防冻、干燥、无腐蚀的房间，不宜停放在斜坡上；室内温度在10℃~35℃为宜。尽量不要把吸尘器放在潮湿或有腐蚀性气体的场所，选择通风干燥的地方，以免引起机体的损坏。

（12）该机只可使用原装配件及由认可的维修人员进行机器的维修保养。

3.吸尘器突然暂停工作的处理方法

（1）确定吸尘器因过热保护自动切断电源。

（2）立即握住插头（而不是电线）将插头与电源分离。

（3）确定吸尘器处于机电分离的状态。

（4）检查集尘室是否被垃圾、毛发填满。

（5）如有集尘室全满的现象需要清理集尘室。

（6）检查吸尘器的过滤网是否堵塞。

（7）将过滤网彻底清理干净，保证过滤网通畅。

（8）卸下吸尘器的软管，检查软管的通畅性。

（9）如果软管中存在堵塞的异物应该马上清理，恢复软管通畅。

（10）将吸尘器放置在阴凉、通风的环境中使其自然冷却。

（11）热切断保护装置复位后重新启动吸尘器，检查工作状态。

（12）如果吸尘器仍然无法正常使用，则需要与维修中心联系排除故障。

4. 节电技巧

（1）使用吸尘器时应及时清除过滤袋（滤芯）上的灰尘。

（2）必须定期给吸尘器转轴添加机油，并更换与原来牌号相同的电刷。

（3）应经常检查吸尘器风道、吸嘴、软管及进风口有无异物堵塞。根据不同的需要选择吸嘴可提高吸尘效果，又可省电。

（4）使用吸尘器的时候可以把功率调节到合适的吸力。

四、清洁设备的检查

（一）制度与标准

（1）工程部区别不同设备性能、作用、结构，制定检查制度、检查内容、检查表格、检查时间。对设备分别采用运行检查、维修检查、巡视检查、停机检查等不同形式的检查，以保证设备的完好率。

（2）运行检查由各班组值班员负责，每天按规定时间对所负责设备的运行状况（包括温度、电流、电压、压力、压差、水位、水质、声响、振动）进行全面检查。每次检查按工程部制订的运行记录表格做好记录。发现异常或事故隐患，及时排除，重要问题及时汇报。

（3）维修检查由维保人员负责。每次检修前，检查设备性能、存在故障部位、故障原因。按工程部要求，填写检修记录表。对维修的部位、更换的零部件、修理后的运行效果亦做好记录。保证设备修理后正常运行，满足营业需要。

（4）巡视检查分别由技师、工程部经理负责，根据责任范围进行。各技师根据工程部规定的时间和检查内容，对所分管的设备进行巡视检查。发现问题和故障隐患，及时排除，做好记录。工程部经理、主管主要对重要部位重要设备进行巡视检查，督促各班组维护好重要设备，确保设备正常运行。

（5）停机检查项目根据计划确定。对配电系统、空调机组、排风机及新风处理机、空调管道等设备，每年停机检修时要进行全面检查。每次检查均按工程部停机修理要求的内容做好记录，再根据检查结果进行全面检修、调试。

（6）强制检查主要适用于电梯、变配电室、防雷设施等需要绝对保证安全的设备，由部门技师配合相关部门进行，发现隐患及时排除，确保安全。

（7）定时检查。①配合餐厅、厨房、洗衣房业务状况，对电气、机械设备等定时进行一次全面检查，每次检查做好记录，并修理、更换已损坏或有故障的设备，保证营业需要。②客房每天检查五间，包括客房的床头柜及接线盒、门铃、灯具、插座等，每次检查做好记录，并修理。

（二）具体检查工作

1. 每次设备操作前安全检查

（1）设备电气部分安全检查。

（2）检查设备插头和插片是否固定结实，所有的螺丝是否都拧紧，是否外表无破损。

（3）检查设备电线整个外包绝缘层部分是否有裂痕、割痕、磨损点及其他损坏，电线是否裸露在外。

（4）检查拖线盘电线整个外包绝缘层部分是否有裂痕、割痕、磨损点及其他损坏，电线是否裸露在外，电源插座是否松动或有腐蚀现象。

2. 设备机械部分安全检查

（1）检查设备所有的开关是否紧固，开关扳动时是否机械运动正常。

（2）检查设备上是否有松动的螺丝或螺栓。

（3）检查设备上轮子是否有松动或破损。

（4）检查设备上的装置是否有破损并导致药剂泄露。

（5）注意事项：通过上述检查发现影响设备正常运行的安全隐患，必须立即停止使用设备，同时向主管上级汇报，待设备修复后再可使用，同时在待修设备上挂放"停用/检修"告示牌。

第二节　客房常用清洁工具

在清洁服务中，清洁工具成为日常清扫工作必备的用具。清洁工具一般指用于手工操作、不需要电机驱动的工具。因客房产品繁多，对应的清洁工具种类繁多，结构、性能、用途和维护保养也各不相同。

一、酒店常用清洁工具的种类与使用方法

（一）抹布类

干、湿、半湿分类，可清洁除布草之外的几乎所有客房物品。分色抹布用于不同设施的清洁，不能混用。颜色分为黄（恭桶）绿（家具、电器）蓝（卫生间地面及墙面）红（卫生间面池及台面）棕（镜子、玻璃、五金），三湿两干（绿棕），干湿区分，分开放在不同的位置挂晾贴有标签。

（二）清洁员房务工作车

房务工作车是客房卫生班服务员清扫客房时用来运载物品的工具车，材质是可拆装

的钢板喷塑，装有防撞轮，种类分以下几种：①折叠：可折叠，材料轻盈，方便携带、运输；②长形：厚料布草车，用于客房收集房间用品；③斗形：不锈钢管进行焊接的，特点斗字形（人字形），宽部位加中通管，体现三角形稳定性；④玻璃钢布草车：洗衣房用品，由钢化玻璃纤维精工缠绕而成，特殊工艺，双面光滑，具有轻便耐用，美观大方，负载大、防腐蚀、用途广的特点。

使用方法如下：

（1）将房务工作车放置在楼层的工作间。

（2）使用前先用半湿毛巾将全车内外清洁及抹净。

（3）将垃圾袋及布草袋分别挂在车身两端的吊钩上。

（4）放布草于架内，须先除去所有捆绳，重物在下，轻物在上以方便工作，其方法为：

①先将床单、枕头套放进最低层架。

②把较重的浴巾类放在中层架，如浴巾、脚垫。

③将低值易耗品放在上层架。

④物品的摆放原则是：大件的放在后，小的物品放在前；较贵重的物品勿放在当眼易取的位置；不要放置过量物品。

⑤放置适量清洁用品于清洁桶内，须检查各类清洁用品是否齐备，并保持桶及各清洁用品放在垃圾袋的下面。

⑥工作车用完后都要补回布草或供应品，每天放工后得将工作车锁上。

如果是四星级酒店，每个员工做 11 间房，且每个楼层的房间总数在 24 间左右，酒店的住房率在 80% 左右，那么员工就必须每人一台工作车，每层楼的工作车至少要配两台。建议除在每个楼层配两台工作车外，另在每三层楼再多配一台（三个楼层级配 9 台工作车），以预备在住房率高的情况下，员工加班有工作车可用。

房务工作车是理想的手推车，能有效携带清洁工具、物料、布草及顾客的供应物品，并节省时间以集合所有工具于一工作间或搬往另一地方。要时常保持车内洁净，并且时常检查车轮，以便有效地使用此手推车。

往往在房务工作车一端放置万用提篮，适用于携带工具或清洁物料，该坚固耐用的手提篮可方便地放置在清洁与客房服务推车上，安全放置 32 盎司的喷雾瓶与其他普通清洁工具，符合人体工学设计的手柄让使用更为舒适。

（三）扫帚和簸箕

1. 使用方法

扫帚（清理地面垃圾）、畚箕（撮脏水和垃圾）。

用扫帚均匀有序清扫地面，每一下要重叠 2~3 厘米。室内清扫时的顺序，应是从里至外、从两边到中间的顺序，最后将垃圾扫入簸箕，倒入垃圾桶或保洁车的垃圾袋中。

现在的扫帚不再像以前的易于把尘埃扬起，而且现在的扫帚在清除垃圾时更有效率。正确地使用扫帚能把灰尘扫入底铲内，更能避免尘埃扬起。

现在新的产品是直立式防风垃圾铲，畚箕式样新颖美观。自动开启和关闭的畚箕盖，掩盖了不雅观的垃圾和碎屑。耐用后轮增强抗磨功能，延长产品使用寿命。可调式把手增加舒适性。

另有扫尘平底铲，通常由胶及金属造成，有短及长柄，而且有一掩罩以防止尘埃扬起，在使用后，需清洗及弄干。

2. 扫帚的种类

（1）斜形扫帚。是清洁死角的理想工具。易于清扫的剪裁和形状。聚丙烯刷毛不会沾染污渍，使用寿命长。刷毛为永久熔接，不会掉出。

（2）黍毛扫帚。专为清扫室内、室外粗糙地面而设计。100%天然玉米纤维制成，使用寿命长，清洁效果佳。在光滑或粗糙地面都能将细小的微粒扫干净。把手是由经仔细挑选的重型上光漆的松木制成。

（3）细尘地板刷。可扫除细小的灰尘。有分叉末端的聚丙烯或马鬃、龙舌兰混合帚毛可供选择。是高度抛光和打蜡地板表面的理想清洁工具。刷头两面均有螺纹手柄孔，适用螺纹手柄。可选择斜形支架提供额外支撑和稳定性。

（4）中型地板刷。可清洁多种地板表面，清洁更大灰尘。聚丙烯刷毛和天然龙舌兰刷毛使用寿命长，可清洁多种表面，是清扫光滑和粗糙地板表面细尘和一般灰尘的理想工具。

（5）重型地板刷。质量可靠，可用于工业级强度的清洁工作。相当耐用的聚丙烯刷毛可防止污染和异味，适合极其严苛的工业环境清洁工作。

（6）马路扫帚。为清扫粗糙的地面而设计。宽大向外张开的帚毛末端能覆盖更大的清洁面积，在清扫靠近墙壁的地方和路边时更加方便。

（四）拖把类

适合干燥平滑的地面。

1. 拖把

作业应从区域边缘和离出口最远端开始，拖把与地面成45°角，沿墙角平行拖过地脚线（勾边）；然后拖把左右摆动，来回交迭进行，如"S"状，每次拖洗区域须保持重叠5厘米左右同时脚步配合向后移动。湿拖作业应视地面情况清洗或换水，建议每20~25平方米清洗一次拖把，目测桶底不可见时更换榨水车内污水。

现在有一种新型轻便式喷雾式拖把，适用于清洁强度较小的场所及应用，将拖地过程流水线化，提高效率。

另有甩干拖把，是采用离心力的原理，利用一点人力就使拖把像在洗衣机里甩干的效果一样。还有可换头拖把，采用可换式拖头设计，先用湿的拖头拖地，再换个干的拖头拖地，而且，拖头坏了可以更换，节约成本。传统拖把的使用量依旧是最多的，所以很多厂家还是以传统拖把生产为主。

2. 地拖

由长棉纱造成，有圆、平两种拖帚头，但以后者较为有用，因为平拖的拖头不易于与棍脱离且比较卫生。平拖能独立清洗，圆拖则不能，故形成拖帚更污秽，在使用后要完全清洗，而且用压榨器把水分榨干，再放直弄干。

新型的微纤湿拖布带来优异的地面清洁表现。一体化刮擦条有效去除脏物，不留拖痕或污渍。分色织带滚边可区分不同清洁任务，减少交叉传染风险。

3. 尘拖、尘推

房间地板推尘，带走尘土、沙砾和毛发，磨损小。尘推又叫干式拖布，是一种用来清除地面灰尘的清洁用具，是酒店清洁用品中必不可少的清洁用具之一。

尘推必须使用经过牵尘液处理过的干净尘推头，每次使用完毕必须用台刷刷干净尘推头粘附的垃圾。尘推作业过程中要注意避让并及时提醒过往人员，防止其绊倒，人流特别高的区域和时段避免使用尘推作业。整个区域尘推作业完成后，把尘推推到区域边缘，戴上橡皮手套，小心地取下尘推罩，把尘推罩放置在垃圾袋中，使用细毛刷将尘推罩上的尘土和碎屑刷入垃圾袋中。

酒店常用尘推的品种有以下几种：

（1）尘推类型：夹固式、粘扣式、布套式、自拎式等。

（2）吸水性：10s 以下、10~20s、20~30s、30s 及以上。

（3）脱水率：

① 90%（含）~100%（含）

② 80%（含）~90%（不含）

③ 70%（含）~80%（不含）

④ 60%（含）~70%（不含）

⑤ 50%（含）~60%（不含）

⑥ 40%（含）~50%（不含）

⑦ 40% 以下

（4）耐腐蚀度：

① 90%（含）~100%（含）

② 80%（含）~90%（不含）

③ 70%（含）~80%（不含）

④ 60%（含）~70%（不含）

⑤ 50%（含）~60%（不含）

⑥ 40%（含）~50%（不含）

⑦ 40% 以下

尘推的使用方法如下：

（1）使用前将尘推罩展开，将静电吸尘剂（也叫牵尘剂或尘推油）用喷壶均匀喷在尘推罩纤维面上 2~3 遍（要保证尘推罩一定要是洗净后晾干了的，若是新的则不用清洗）。

（2）喷完静电吸尘剂后将尘推罩折叠放好，等 4 小时以后静电吸尘剂完全渗入尘推罩纤维就可以使用了。

（3）沿直线推尘，先从一侧开始，尘推不可离地，不可来回拖拽。

（4）推尘时，尘推罩每行要重叠 1/4，以防漏擦。

（5）尘推沾满尘土时，将尘推放在垃圾桶上用刷子刷净再使用，直到地面完全清洁为止。

（6）尘推失去粘尘能力，要重新用尘推处理液处理，然后才可使用。

（7）地面上有水渍或污渍时，要先用抹布或卫生纸清洁干净再用尘推进行清洁养护。

（8）手拿尘推行走时，要注意将尘推罩的一端提起，脏的一面向外。

（9）行走时，注意尘推杆不可碰到门框或顶棚灯具。

（10）在门口、楼梯转弯处注意不可碰到他人。

（五）刮削器具类

清洁工具的一种，具有锐利的金属刀片。

1. 地板铲刀

铲刀用于去除各种附着在地面上难以除去的污渍、黏胶等，配合各色毛巾用于日常清洁及消毒。

2. 刀片

是一单边缘的刀片，用以刮清墙纸、污物、水泥、玻璃、金属、云石等表面，而比较难清理的亦会加入化学物品以辅助。

（六）刷类

1. 塑胶手柄铜丝刷

专门应对难以清洁区域的艰巨任务。有效去除油漆、油脂和铁锈。金属丝或钢丝能处理艰巨清洁任务。每个刷子都有小孔可供悬挂。塑胶头柜台刷，龙舌兰刷毛，可涵盖20.3 厘米长的范围。

2. 木柄刷子

配合清洁剂使用。能于湿滑或干的地方使用，在木制的柄下以铁丝联结着猪毛，能把湿的地方弄干。此刷把水刷往通水的地方，由于要适应不同的用途，所以有不同长度的柄，以供选择及使用。

3. 直立式尼龙纤维刷

专门用于一般刷洗或清洁坚硬表面，小范围的地板清洁和刮洗边缘的工作，甚至可用于难以触及的角落。

4. 牙刷

可配合各种清洁剂使用，针对狭小空间内污渍使用。

5. 马桶刷

用以清洗马桶内侧和内坐垫。由一胶柄及尼龙刷头组成，使用后必须清洗干净。

（七）其他类

1. 压榨机水桶

榨水车提手应卡在榨水器下，防止榨水器摇动。清洗拖把时，将拖把头浸入水中，用双手手掌来回转动拖把杆若干次，使拖把头充分展开、洗净。将拖把放入榨水器中，拖把杆旋转360°，使拖把头收拢盘起。用力按压榨水器手柄，把拖把挤干至不滴水。松开榨水器手柄，取出拖把轻轻抖动，使拖头松开，便可使用了。榨水车内水位不能高于桶体的2/3高度，以防在移动和清洗拖把时水溅出桶外。

压榨机有单桶和双桶的，单桶的使用一桶作过滤，使用后只放入水内浸湿再弄干；双桶的是间隔两边的压榨器，两个桶中有一个放入清水，而另一个则放入榨出的污水。

2. "小心地滑"告示牌

在进行湿拖、洗地机作业及雨天时，给予职员及客人设计的安全指示，设计有不同的尺码、颜色及形式，用以避免意外的发生。易于使用及携带，使用于公众场所，目的是间隔不能进入的地方，以告知使用者要小心。应在作业区域醒目位置放置"小心地滑"告示牌，防止有人滑倒或绊倒。一般应在1/2的区域内进行，以避免阻断通道。另外还有"清洁中"等提示牌子。

3. 喷壶

利用水位高低产生压力差，壶里的高压力使水喷出来。清洗酒店客房各处的油污，在清洗玻璃时作用尤为突出。

是轻便的容器，经过一精细的管嘴喷出雾状的水或清洁剂，使用后必须清洗干净。

4. 安全梯

基本上只有小部分部门需要使用此梯。它是由坚硬的外框构成，每一梯级各有胶垫安装于脚踏的部分，更有稳定的扶手以保持梯的垂直。此外，亦有一些折叠梯，适应不同的需要。

5. 微纤灵活除尘棒

从缝隙难以触及的地方清除灰尘。除尘棒可任意弯曲来清洁不规则表面。快接式手柄让除尘棒可以清洁难以触及的地方。

6. 胶手套

很多酒店负责清洁的职员拥有胶手套用以保护双手，每当使用后一定要清洗及晾干。

7. 鸡毛掸

扫除灰尘和蜘蛛网。

8. 玻璃清洁器

玻璃清洁器用来清洁镜面。

其使用方法如下：

（1）先把玻璃擦放在水中浸泡，使其充分吸水。

（2）在擦拭布部分滴上适量的洗洁精，擦拭起泡沫。

（3）将有手柄的一面放在玻璃内侧，有安全绳的一面吸在玻璃的外侧。安全绳留足够长在窗外，另一端务必一直套在手上。

（4）擦拭布在上，左右移动擦拭玻璃表面，擦拭面朝向侧边，上下移动擦拭玻璃两侧，擦拭边角的时候要小心操作。

（5）擦拭过后，开始刮净污水。擦拭布在前，刮净条在后，前面稍稍向下倾斜。边角提前转弯，将刮条一角沿窗框轻轻刮净。然后调头，转弯，先刮净玻璃上边的两个拐角及两个侧边。接着就是从玻璃的左右两侧划圆弧，操作从上到下，一层压一层地进行。注意不要留下水痕。

擦玻璃时要检查玻璃清洁器的胶条是否完好，以免造成操作中水印收不好，出现水痕情况。还要检查保险绳是否完好，以免造成操作中保险绳断裂，玻璃清洁器高空掉落伤了人或物。要用双手握住玻璃清洁器，以旋转的方法打开，不可以用双手用力扳，以免伤了玻璃清洁器或手指。在操作中一定要注意用水打湿海绵布的时候拿玻璃清洁器的方法不当，造成玻璃清洁器夹手情况。还要注意检查玻璃的完好，玻璃上是否有裂痕，以免在操作中把玻璃损坏等问题。

9. 百洁布

百洁布使用方法如下：

（1）百洁布浸入清洁液中，使其空隙饱含溶液，再用手轻轻将其团紧，使百洁布空隙中所含溶液达到欲滴未滴状态。

（2）清除大面积污垢，用手掌将整块百洁布顶住，来回推拉擦拭。

（3）清洁局部顽固污垢，用手指顶住，以增大擦拭力。

（4）对于小块凹坑内的污垢和角落位的污垢，将百洁布折叠，形成一个锥体，以其尖锥部分深入污垢处擦拭。

（5）百洁布工作应一面擦拭，一面浸于清洁液中吸取清洁液。

（6）用力不应过大，以免使纤维失去弹性和破坏清洁物表面。

（7）使用完后，应漂洗干净，以不拧干自然滴水晾干为好，这种方法可以保持百洁布纤维弹性和百洁布中密集的孔隙。

二、酒店部分清洁工具的清洁与保养

（一）马桶刷

1.马桶刷的清洁方法

（1）在马桶刷倒上洗洁精或者肥皂粉等，倒热水浸泡，用马桶刷旋转刷洗，冲洗干净。

（2）倒上消毒剂冲洗，细菌相对会少一些。台盆里也是，最好定期用消毒剂消毒。

（3）每次刷完污垢，刷子上难免会沾上脏物，最好随手再冲一次水，将其冲洗干净，把水沥干，喷洒消毒液，或定期用消毒液浸泡，并放在合适的地方。

2.马桶刷的保养方法

（1）每次使用完马桶刷，应及时用清水冲净，然后挂起来，把水沥干，最后放在通风干燥处。切记不要把带水的马桶刷放在不透风的容器里，或卫生间阴暗潮湿的角落，这种环境最容易滋生细菌。

（2）刷毛脱落后更容易藏污纳垢，一般来说，使用半年左右，就该考虑换新。

（二）抹布

（1）抹布应折叠起来，可多面使用以提高工作效率，保证清洁质量。

（2）抹布最好由洗衣场负责洗涤与消毒，以确保抹布的清洁质量。

（3）抹布的使用、周转和淘汰率都很高，应多准备一些，以保证员工都能用上符合标准的各类抹布。

（4）清洁玻璃的抹布与普通抹布不可混用。

（三）拖把

（1）用毕后一定要洗干净并且拧干放置于通风处，避免发臭有异味产生。

（2）拖把有异味时可使用稀释的漂白水来清洗。

（3）拖把上有毛发粘住时可以用刷子协助清除或是等待干燥时再用胶带粘除。

（4）材质为微纤布料的拖把，较不适合使用于重油垢的地渍，不合经济效益，易磨损，因此应缩短使用期限。

（5）为保持清洁卫生，拖把头建议每两到三个月更换一次。

（6）搭配清洁剂使用，分量不可过多，否则易残留，影响拖把使用寿命。

（四）刮刀

（1）为防止腐蚀，最好将刀片置于干燥的环境当中。另外要注意刀片的摆放方式，最好的方法是将其悬挂，因为刀片若平放，较为薄弱的刀刃会出现歪曲，从而导致刮刀出现永久性的损伤。

（2）刀片若出现磨损就应及时进行维修、更换，否则可能会影响刮削的效率和刮削的质量。

（五）玻璃清洁器

（1）如果玻璃已经破裂了就不要使用玻璃清洁设备。

（2）如果玻璃上有污渍凝滞物等东西的话，请先用云石铲刀将其去除。

（3）使用玻璃清洁器前请确定该物品有无其他杂质，如果有请先清除。

（4）玻璃清洁设备无法清洗磨砂、涂层、镀膜的玻璃。

（5）使用完玻璃清洁器之后建议将它保存到避光的地方，此做法可以有效地延长产品的使用寿命。

（6）因为玻璃清洁器内有磁铁，因此要远离电视机、电脑、冰箱等。

（7）玻璃清洁器内的擦拭布可以选择使用百洁布来代替。

第三节　客房常用清洁剂

一、清洁剂的构成

清洁剂是按一定的配方配制的产品，配方的目的是提高去污力。清洁剂配方的必要成分是表面活性剂，其辅助成分包括助剂、泡沫促进剂、配料、填料等。

（一）表面活性剂

在洗涤剂中，表面活性剂一般作为清洁成分，但在某些配方中也用作辅助原料，是一种能显著降低液体表面张力的物质，起乳化、润湿、增溶、保湿、润滑、杀菌、柔软、抗静电、发泡、消泡、分散等作用。表面活性剂的分子结构有一个共同特点，一端是亲水基，即分子的一端是由一个较长的烃链组成的，它是憎水性，能溶于油但不能溶于水中，因此称为憎水基或亲油基；分子的另一端是较短的极性基团，它能溶于水中而不能溶于油中，称为憎油基或亲水基。因而它们在水中和油中都有较好的溶解性。

（二）助剂

助剂与表面活性剂配合，能够发挥各成分互相协调、互相补偿的作用，进一步提高产品的洗净力，使其综合性能更趋完善，成本更为低廉。如螯合剂、磷酸盐、碳酸盐、软水剂、填充剂、溶剂、荧光增白剂、缓蚀剂、抗再沉积剂、酸、碱、香精等。

二、清洁剂的清洁原理

污垢源自人们的生存环境，诸如人体分泌、空气传播以及生活工作需要的接触三方面。污垢分两类，一类是根据污垢的特性分为油质污垢、固体污垢、水溶性污垢，另一类是按结合力分为化学结合力、物理结合力。清洁剂的洗涤去垢作用原理为织物·污垢＋清洁剂→织物＋污垢·清洁剂。

三、影响清洁剂清洁作用的因素

（一）清洁剂的种类

针对所要清洁的对象特点，选择恰当的清洁剂很关键。为了取得理想的清洁效果，必须根据清洁对象及清洁剂本身的特点科学地进行选择，采取合适的清洁方法使其达到最佳清洁效果。

（二）清洁剂的配方

良好的配方能显著提高清洁的效果。清洁剂不能随意混合使用，但可考虑选择几种产品轮换使用。

（三）清洁剂的浓度

任何一种清洁剂的清洁效果都取决于其与对象接触的有效浓度，同一种清洁剂的浓度不同，其清洁效果也不一样。大多数清洁剂的消毒效果与其浓度成正比，但也有些清洁剂，随着浓度的增大清洁效果反而下降。各种清洁剂受浓度影响的程度不同。每一种清洁剂都有它的最低有效浓度，要选择有效而又对人畜安全并对设备无腐蚀的杀菌浓度。若浓度过高，不仅对清洁对象不利（腐蚀性、刺激性或毒性），而且势必增加清洁成本，造成浪费。

（四）作用时间

清洁剂接触对象后，要经过一定时间后才能杀死病原，只有少数能立即产生清洁作用，所以要保证清洁剂有一定的作用时间。清洁剂与对象接触时间越长，清洁效果越好，接触时间太短往往达不到清洁效果。被清洁对象上微生物数量越多，完全灭菌所需时间越长。此外，大部分清洁剂在干燥后就失去清洁作用，溶液型清洁剂在溶液中才能有效地发挥作用。

（五）温度

通常温度升高清洁速度会加快，药物的渗透能力也会增强，可显著提高清洁效果，所需要的时间也可以缩短。一般温度按等差级数增加，则杀菌效果也按几何级数增加。许多清洁剂在温度低时，反应速度缓慢，影响清洁效果，甚至不能发挥清洁作用。

（六）湿度

湿度对许多气体清洁剂的作用有显著影响。这种影响来自两方面：一是清洁对象的湿度，它直接影响微生物的含水量；二是清洁环境的相对湿度，每种气体清洁剂都有其适宜的相对湿度范围。

（七）酸碱度（pH）

pH 可从两方面影响清洁效果：一是对清洁的作用，pH 变化可改变其溶解度、离解度和分子结构；二是对微生物的影响，病原微生物的适宜 pH 在 6~8，过高或过低的 pH 有利于杀灭病原微生物。新型的清洁剂常含有缓冲剂等成分，可以减少 pH 对清洁效果的直接影响。

非离子表面活性剂和大分子聚合物可以降低季铵盐类消毒剂的作用；阴离子表面活性剂会影响季铵盐类的清洁作用。因此在用表面活性剂清洁时应格外小心。由于水中金属离子（如 Ca^{2+} 和 Mg^{2+}）对消毒效果也有影响，所以，在稀释清洁剂时，必须考虑稀释用水的硬度问题。一种好的清洁剂应该能耐受各种不同的水质，不管是硬水还是软水，清洁效果都不受什么影响。

（八）设备和工具

清洁剂与设备和工具要有机结合。设备先进，清洁剂的使用量和成本会降低，反之会高。

（九）清洁剂的成本

清洁剂的成本分为直接成本和间接成本。清洁剂的购买价格就是直接成本，可以直接核算出与清洁服务价格的比例，一般占到 2%~3%。另外，清洁剂的价格不代表清洁剂的价值，对于一个清洁服务项目，间接成本也是一个非常重要的指标，它的实效性和项目相关。

四、酒店常用清洁剂系列

1. 地毯系列

（1）干泡地毯清洁剂（Shampoo Carpet Cleaner）；

（2）无泡地毯抽洗清洁剂（Carpet Extraction Cleaner）；

（3）地毯消泡剂（Defoamer）。

2. 客房系列

（1）玻璃清洁剂（Glass Cleaner）；

（2）浴室清洁剂（Bathroom Cleaner）；

（3）马桶清洁剂（Toilet Bowl Cleaner）；

（4）不锈钢保养清洁剂（Stainless Steel Cleaner）；

（5）阳光静电吸尘剂（Damp Moping Product）。

3. 多功能系列

（1）清洁消毒剂（Disinfectant Cleaner）；

（2）全能清洁剂（All Purpose Cleaner）。

4. 个人护理系列

洗手液（Hand Soap）。

5. 厨房系列

（1）手洗碗碟清洁剂（Manual Dishwashing Detergent）；

（2）洗碗机碱液（Dishwasher Detergent Liquid）；

（3）洗碗机催干剂（Rinse Aid）；

（4）解脂溶油剂（Heavy Duty Degreaser）；

（5）除垢剂（Acid Descaler）；

（6）炉灶清洁剂（High Performance Oven&Grill）；

（7）季铵盐消毒液（Final Step Sanitizer）；

（8）含氯去渍除菌剂（Hypochlorite Sanitizer）。

6. 洗衣房液体系列

（1）浓缩主洗液（Liquid Mainwash Detergent）；

（2）碱性添加剂（Alkali Builder）；

（3）氧漂液（Peroxide Bleach）；

（4）氯漂液（Chlorine Bleach）；

（5）柔顺剂（Concentrated Softener）；

（6）防锈酸性中和剂（Antirust Neutralizer for Alkal）；

（7）浓缩化油助剂（Concentrated Surfactant Booste）；

（8）软水剂（Water Conditioner）。

7. 洗衣房粉体系列

（1）全能洗衣粉（General Purpose Laundry Deterg）；

（2）强碱皂化洗衣粉（Heavy Duty Lanudry Detergent）；

（3）低温重污洗衣粉（Supreme Heavy Duty Lanudry Det）；

（4）氧漂粉（Oxy Laundry Destainer）；

（5）氯漂粉（Active Laundry Whitener）。

8. 地面护理系列

（1）高光泽度结晶粉（High Shine Crystallization Pow）；

（2）起蜡水（Stripper）；

（3）木地板蜡（Wood Paste Wax）；

（4）高级免擦面蜡（Floor Finish）；

（5）封地蜡（Sealer for Porous Flooring）。

五、清洁剂的分类

（一）按化学性质划分：酸性、中性、碱性清洁剂

酸性清洁剂对垢类有比较好的效果，主要可用于卫生间的清理，如水垢、尿垢等，在使用中需要戴好橡胶手套，注意防护即可。

1. 酸性清洁剂（0<pH<7）

因酸性具有一定的杀菌除臭功能，所以酸性清洁剂主要用于卫生间的清洁，一些强酸清洁剂可用于计划卫生。酸性清洁剂通常为液体，也有少数为粉状，因酸有腐蚀性，所以在用量、使用方法上都需特别留意，使用前要特别留意说明书，最好先做小面积试用。禁止在地毯、石材、木器和金属器皿上使用酸性清洁剂。

（1）盐酸主要用于清除基建时留下的污垢，如水泥、石灰等斑垢，效果明显。

（2）硫酸钠能与尿碱起中和反应，可用于卫生间恭桶的清洁，但不能常用且必须少量。

（3）草酸用途与盐酸、硫酸钠相同，只是清洁效果更强于硫酸钠，使用时要特别注意。需要妥善保管。

以上三种酸性清洁剂都可少量配备，用于清除顽固尘垢或计划卫生。但使用前必须加以稀释，且不可以将浓缩液直接倒在被清洁物表面。

（4）恭桶清洁剂呈酸性，但含合成抗酸剂，以增加安全系数，有特殊的洗涤除臭和杀菌功效，主要用于清洁卫生间恭桶、男用便器、洗手盆等用具。使用时应先按说明书稀释，且注意必须倒在恭桶和便池内清水中，不能直接倒在被清洁物表面。

（5）消毒剂主要是呈酸性，可作为卫生间的消毒剂，又可用于消毒杯具，但一定要用水漂净。84 消毒液即为较好的一种。

常用的酸性清洁剂有草酸、柠檬酸、洁厕灵等。

2. 中性清洁剂（pH=7）/ 多用途清洁剂

化学上把 pH=7 的物质，称为中性物质，而在商业上则把 6 ≤ pH< 8 的清洁剂皆称为中性清洁剂，其配方温和，可起到清洗和保护被清洁物品的作用，因此在日常清洁卫生中被广泛运用。中性清洁剂有液体、粉状和膏状，其缺点是无法或很难去除积聚严重的污垢，现在酒店广泛使用的多功能清洁剂即属此类。

（1）多功能清洁剂具有防止家具生霉的功效。不能用于洗地毯。

（2）洗地毯剂。这是一种专门用于洗涤地毯的中性清洁剂，因含泡沫稳定剂的量有

区别，可分为高泡和低泡两种形式。低泡一般用于湿洗地毯，高泡用于干洗地毯。若用低泡洗地毯宜用温水稀释，去污效果更好。

3. **碱性清洁剂（$7 \leqslant pH \leqslant 14$）**

（1）玻璃清洁剂。

主要功能是除污垢，对于清除油脂类效果较好。

使用时不能用抹布蘸清洁剂直接去擦，以免造成玻璃面发花。

碱性清洁剂对于清除油脂类脏垢和酸性污垢有较好效果，但在使用前应稀释，用后应用清水漂清，否则时间长了会损坏被清洁物品的表面。碱性清洁剂既有液体、乳状，又有粉状、膏状。

玻璃清洁剂有桶装和高压喷罐装两种。前一种类似多功能清洁剂，主要功能是除污斑。使用时需装在喷壶内，对准脏迹喷一下，然后用干布擦拭即光亮如新。后一种内含挥发性溶剂、芳香剂等，可去除油垢，用后留有芳香味，且会在玻璃表面留下透明保护膜，更方便以后的清洁工作，省时省力效果好，但价格较高。

（2）家具蜡。

具有清洁和上光双重功能，防静电、防霉。

在每天的客房清扫中，服务员只是用湿布对家具进行除尘，家具表面的油污等不能除去。对此，可定期用稀释的多功能清洁剂进行彻底除垢，但长期使用会使家具表面失去光泽，还应定期使用家具蜡。家具蜡形态有乳液、喷雾型、膏状等几种，它具有清洁和上光双重功能，既可去除家具表面动物性和植物性油污，又可形成透明保护膜，具有防静电、防霉的作用。

（3）起蜡水。

用于需要再次打蜡的大理石和花岗岩等石质地板和木质地面，起蜡水碱性强，可将陈蜡及脏垢浮起而达到去蜡功效。使用时应注意需反复漂清地面后才能再次上蜡。

起蜡水在使用前应稀释，用后应用清水漂清，否则时间长了会损坏被清洁物品的表面。起蜡水既有液体、乳状，又有粉状、膏状。能有效去除石材地板等硬地板表面的地板蜡及其他油腻蜡状物。

石材起蜡方法：用1份起蜡水配上8份（50℃~70℃）热水，涂在石材表面，10分钟作用洗地机清洗地面，然后用吸水机把脏水吸净，再用清水清洗石材表面，擦净地面再打蜡。用1份起蜡水配上6份热水，用毛刷涂抹在地板上，等5分钟，用擦地机配上红垫清洗地面，再用毛巾反复擦干净。

注意事项：木地板起蜡时，特别注意水尽量少放，水多会进地板导致地板鼓起，一般液体蜡每打三次蜡后就要起蜡，固体蜡打五次以上才可以起蜡。原则上尽量少起蜡，特别是复合地板，起蜡的风险大。

（4）火碱（氢氧化钠）。

是一种强碱，去油有特效，主要针对重油。

使用方法：用 1 斤火碱配 10 斤水，配上高压水枪，先用小刀铲油，然后用高压水枪冲油垢。

注意事项：特别注意防护眼睛、皮肤，穿上防滑鞋等。注意避开铝制品，容易发生化学反应。

（5）消泡剂。

本品是一种专为抽洗机而设计的清洁剂，能迅速地消除在机器工作过程中所产生的泡沫，效果显著，无损机件。

使用方法：洗地毯时，吸尘器吸水开始前倒上 2 瓶盖消泡剂，然后再吸水，泡沫就不会进电机了。

注意事项：使用时根据情况放上 2~4 瓶盖，注意同时尽快倒脏水，别让脏水溅到墙上。

（二）按用途划分

（1）多功能清洁剂。

（2）三缸清洁剂。

（3）玻璃清洁剂。

（4）金属抛光剂。

（5）家具蜡。

（6）空气清新剂。

（7）杀虫剂。

（8）静电吸尘剂。

（9）特效洁厕剂。

（10）不锈钢洁亮剂。

（11）消毒液。

（三）按不同污渍划分

（1）食用油渍：汽油、四氯化碳等挥发性溶剂，酒精。

（2）酱油渍：洗涤剂、氨水。

（3）鞋油渍：汽油、松节油、酒精、肥皂。

（4）尿渍：10% 氨水、洗涤剂、柠檬酸。

（5）果汁渍：5% 氨水、洗涤剂、柠檬酸、肥皂、酒精。

（6）冰激凌渍：汽油。

（7）酒渍：氨水、硼砂、草酸。

（8）咖啡、茶渍：氨水、草酸、10% 甘油溶液。

（9）呕吐渍：汽油、5% 氨水、10% 氨水、肥皂液、洗涤剂。

六、目前酒店常用清洁剂的使用方法

（一）洁而亮

适用范围：不锈钢，瓷器，壁纸污渍。

使用方法：直接把本品挤在湿抹布上对准所要清理的部位来回擦拭，擦净后把本品清理干净。

（二）"84"消毒液或"92"消毒液

适用范围：玻璃、不锈钢、瓷器上的茶垢、黄渍、马桶水箱、瓷砖、口杯、防滑垫等。

使用方法：兑水 1∶200 把所要消毒的物品放进 84 溶液中，20 分钟后取出用清水洗净。

（三）碧丽珠

适用范围：实木家具、皮革保养。

使用方法：把本品摇匀，均匀喷在抹布或要保养的物品上，用干净的抹布擦拭干净。

注意事项：本品易燃、易爆，禁止喷在地板上，发滑。

（四）黏胶去渍剂

适用范围：各种不干胶清除。

使用方法：把不干胶厚层清除，本品摇匀对准喷在所清除的部位上，过 5 分钟用干抹布清除，如有胶迹重复清理。

（五）玻璃清洁剂

适用范围：门窗、镜子和玻璃等各种玻璃表面污渍清理。

使用方法：兑水 1∶10 摇匀，用毛头沾清洁剂均匀涂在玻璃表面，用玻璃刀刮清理。

（六）全能清洁剂

适用范围：用于面盆、浴缸、石材、瓷砖、水磨石、PVC、台面不锈钢、塑料、玻璃、木质、金属和皮质等表面的清洁（用喷雾瓶喷洒，用抹布擦拭），根据操作用途加清水稀释使用。

使用方法：兑水 1∶10 摇匀，用面盆刷沾清洁剂均匀涂在器皿表面，用清水冲净。

（七）不锈钢清洁剂

适用范围：各种不锈钢表面保养。

使用方法：把本品直接均匀喷在干净抹布上保养所需物品，注意不要太多而导致其呈流水状。

（八）不锈钢光亮剂（水溶性）

本品能迅速去除不锈钢表面污垢，而且使用后在不锈钢表面形成极薄的纯化膜，可防止清洁时产生的 2 次污染，使不锈钢表面保持洁净光亮。

使用方法：取本品喷洒在毛巾、软布上，然后用软布擦拭。

存放：置于干燥阴凉处。

注意事项：本品不能兑水，使用时用原液，毛巾要用好的，防止掉毛。使用时佩戴胶手套。

（九）米醋

适用范围：电水壶、蒸锅清理。

使用方法：倒入电水壶加热可除去黄色污垢；另外，电水壶也可以使用柠檬晶片，加水加热再冷却。

（十）擦铜水

只能用于纯铜制品，不能用于镀铜制品，否则会将镀铜层氧化掉。擦铜水呈糊状，主要原理是氧化掉铜表面的锈而达到清洁光亮铜制品的目的。

（十一）金属上光剂

含轻微磨蚀剂，脂肪酸、溶剂和水。主要用于铜制品和金属制品，如水龙头、卷纸架、浴帘杆、毛巾架、锁把、扶手等，可起到除锈、去污、上光的作用、金属上光剂只限于纯金属制品使用。

（十二）蜡

蜡有水基和油基两种。水基蜡一般用于大理石地面，其主要成分是高分子聚合物，干燥会形成一层薄薄保护膜；油基蜡主要成分是矿物石蜡，常用于木板地面，蜡的形态有固体、膏体、液体三种。比较常用的是膏状、液体这两种地面蜡。

喷磨保养蜡：用于抛光蜡面，修补和清洁同时进行，使蜡面恢复亮度。

1. 固体蜡

是一种保护地板特效的蜡质，有防水、防滑、增亮功效。

使用方法：用白垫平放在地面上，上面铺上 2 条毛巾，然后用小刀把蜡抹在毛巾上，配上擦地机，均匀地抹在地板上，等 10 分钟后用白垫抛光。

注意事项：打蜡时要涂抹均匀，否则打完蜡后斜面看地板上花得很明显。

2. 地面蜡

适用于各种 PVC 地面、大理石地面、水磨石地面及地砖地面等。地面蜡有封蜡和面蜡之分。封蜡主要用于第一层底蜡，内含填充物，可堵塞地面表层的细孔，起光滑作用，面蜡主要是打磨上光，增加地面光洁度和反光强度，使地面更为美观。

3. 免抛面蜡

是一种反光极强的地板蜡，用后使地面产生一层保护膜，带给人一种光洁如新的感觉。适用于云石、大理石、塑胶地板、实木地板、复合地板等任何一种坚硬地面。

使用方法：打蜡前，必须彻底清洁地面。

第一种方法：把蜡倒进喷壶，一面喷一面用毛头均匀地涂抹在地面上。切记，一定要均匀，否则待干后地面会出现花的现象。

第二种方法：用专用打蜡拖布把蜡均匀地倒在上面，再来回拖蜡，同样要均匀。

注意事项：蜡不能掺水等，一遍蜡打完后等一小时再打第二遍。打完蜡后，必须干四小时后才可以走人（一般尽量打固体蜡，少打液体蜡，因为液体蜡容易打花，且成本高，固体蜡好打，不容易出现质量问题，且成本低）。

（十三）静电吸尘剂

本品利用静电原理，拥有吸附收集灰尘的能力，能大大提高清洁效率，可以毫不费力地将尘埃一扫而光。

适合现代高档家具地面、打蜡地面、要求高度清洁的地面。直接将本品喷于尘推底部，晾干使用，用后轻松抖去尘土。

存放：应远离火源。

使用方法：使用时佩戴胶手套，不慎触及皮肤及眼睛应立刻用清水冲洗。

（十四）杀虫剂

这里指喷罐装高效杀虫剂（如"必扑""雷达"等），由服务员使用，对房间喷射后密闭片刻，可杀死蚊、蝇和蟑螂等爬虫和飞虫。但对老鼠则应购买专门的灭鼠药或请专业公司进行处理。

（十五）酒精

适用于电话消毒等清洁项目。

（十六）空气清新剂

空气清新剂品种很多，产品质量的差距很大，辨别质量优劣的最简单的方法就是看留香时间的长短，留香时间长则质量较好。空气清新剂具有杀菌、去异味、芳香空气的作用。

（十七）地毯除渍剂

专门用于清除地毯上的特殊斑渍，对怕水的羊毛地毯尤为适合。地毯除渍剂种类很多，有清除果汁色斑的，有清除油脂类脏斑的，还有清除口香糖的。但地毯上有脏斑应及时擦除，否则除渍效果不明显。

用途：此除渍剂功效特强，能有效地去除地毯上的各种污渍，如茶渍、咖啡饮料等污渍，并对地毯无任何损坏。

使用方法：一般 1 份除渍剂配上 1 份水（专用去特殊污渍），1 份除渍剂配上 3~10 份水（去一般污渍），可根据脏污的情况来确定。

注意事项：本品为中性，不会对物品造成损坏，注意清洗地毯时吸尘器脏水要勤倒，以防止脏水弄到墙上。

（十八）洁厕剂

适用范围：恭桶、小便器黄渍清理。

使用方法：恭桶或便池有清水的情况下倒入数滴，3~5 分钟，刷洗，再清水冲净。

七、使用清洁剂的注意事项

为了有效地使用清洁剂，充分发挥其效能，减少浪费，提高清洁保养工作的安全性，有必要对酒店常用清洁剂进行严格的管理与控制，在使用过程中应注意的事项如下：

（1）一般清洁剂皆为浓缩液，使用前必须严格按照使用说明进行稀释，配水比例适中。浓度高，既浪费清洁剂，又对被清洁物有一定的损伤作用；浓度过淡，则达不到清洁效果，不能符合星级酒店的卫生要求，影响酒店服务质量。

（2）不能使用粉状清洁剂。因粉状清洁剂对被清洁物表面尤其是卫生洁具表面有一定摩擦作用，会损伤物体的表层。同时，粉状清洁剂在溶解过程中易于沉淀，往往也难以达到最佳的清洁效果。

（3）应根据被清洁物不同的化学性质、用途及卫生要求选择合适的清洁剂，达到酒店清洁保养的要求。

（4）清洁剂在首次使用前应先在小范围内进行试用，效果良好的才可以在大范围内推广使用。

（5）应做好清洁剂的分配控制工作，减少不必要的浪费。

（6）高压罐装清洁剂、挥发溶剂清洁剂，以及强酸、强碱清洁剂在使用中都应注意安全问题。前者属易燃易爆物品，后者对人体肌肤易造成伤害，服务员应在日常工作中掌握正确的使用方法，使用相应的防护工具，禁止在工作区域吸烟等。

（7）任何清洁剂一次使用过多都会对被清洁物产生不同程度的副作用，甚至是损伤，因此，不能养成平日不清洁，万不得已时再用大量的清洁剂清洗的坏习惯。这种方法既费时费力，效果也不好，也不要指望好的清洁剂对任何陈年脏垢都非常有用。

（8）酒店应根据各自的状况选择合适的清洁剂。

八、清洁剂的管理

（1）所有清洁剂必须保存在专用仓库，确保仓库内整洁、通风。

（2）清洁剂存放时必须按种类摆放整齐，张贴明显标签、使用方法及注意事项，严禁和其他物品混合存放。

（3）所有员工必须经过专业培训，清楚了解各种清洁剂特征、使用方法及注意事项。

（4）清洁剂使用必须严格控制在有效期内。

（5）对强酸强碱或带有腐蚀性的清洁剂，必须在专业人员的正确指导下领取和使用，使用时必须佩戴橡胶手套，使用后必须对橡胶手套和双手进行清洗。

（6）必须按规定的配兑比例进行配兑使用，不得过量使用，以免对清洁表面造成损坏。

（7）必须保持所有清洁剂外包装良好、完整，对不能辨认的清洁剂必须上报上级进行确认，并张贴清洁剂名称及使用方法。

（8）使用散装清洁剂时，必须使用专用的清洁剂喷壶，并张贴清洁剂名称及使用方法。

第五章 洗衣房

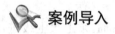 案例导入

我的衣服哪儿去了

早上8：40左右，808房的巴基斯坦客人光着膀子非常生气地寻找洗衣房，服务员焦急地告诉经理："拦也拦不住，不知道说些什么。"待经理遇见他时，这位老外直奔洗衣房而去。了解得知他要找昨日交给服务员洗的衣服。因他要参加当天9：00的商务会议，可是到现在找不到他的衣服。从8：00寻问、寻找到现在无果。只好自己亲自寻找。经理问洗衣员衣服下落，洗衣员说："昨天下午2：00左右已返还客房中心。"再问客房中心，回答："有衣服，但不知是要洗的，还是待返还的。"经理告知如果是衬衫，请速送至808房。当告诉808房客你的衣服已送回你的房间时，这位客人还不相信，仍然在洗衣房的挂衣架上找自己的衣服（此时我的心情十分沉重，认识到问题的严重性）。

当务之急是尽快了解情况并道歉。经理与督导主任一同去808房间，道歉之后，808的另一位客人说："早上起来我们打电话找衣服，直到8：30，现在你们说对不起，我们可以接受道歉。今天早上我要熨衣服务，可单子没有了，请问我送去的一套民族服装要求熨一下，怎么到现在还没送来？是不是也要我去洗衣房找啊？现在已超过了会议时间，我们俩人的衣服还没找齐，你说怎么办？"

真是一波未平一波又起，预感到事情不妙，经理赶紧下楼直奔洗衣房询问民族服装的下落。此时已晚，洗衣服务员因不知洗衣要求，也未见洗衣单，已将衣物浸泡水中……

第一节 客衣

作为酒店洗衣房设备，除了需要负责诸如客房内布草及酒店内布草的洗涤处理，有时候还需对客人的衣物进行洗涤。而对于客衣的洗涤来说，不仅对洁净有更高的要求，

同时对于整个洗衣程序的标准流程也有特别的要求。

因此，很多酒店在洗衣房下设客衣服务组，主要负责客衣的收发、清点、打码、检查、核对、叠放、包装、送回等工作，并处理洗衣房日常事务和对外联络，也有酒店将客衣服务交由外部服务供应商处理。

一、客衣的收发流程

（一）收取时间

（1）每日收取洗衣时间为早 10：00~ 中午 12：00；

（2）中午 12 点之后收取为次日洗衣。

（二）进入客人房间

（1）按敲门程序敲客人房门。

（2）如客人在房间，询问客人是否有要洗的衣物。如客人有衣物要洗，请客人在洗衣单上注明是水洗、干洗、熨烫、是否有特殊要求，并向客人说明收费标准及送还时间。

（3）如客人不在房间，进入房间，检查客人是否有洗衣。

（三）检查洗衣单填写

（1）检查洗衣单上的房号、客人姓名、洗衣数量等内容是否填写。

（2）若未填写，则不予以收取，将圆珠笔和洗衣单放在明显位置，提醒客人填写。

（3）检查所填写洗衣数量与实际数量是否相符。

（四）在送洗客衣前必须仔细检查客人衣物

（1）检查衣物内是否有客人物品，如现金、发票及重要物品、单据遗留。如有，及时掏出，归还客人。

（2）衣物是否破损，如有破损及时告知客人，并征询客人意见是否需要清洗。如果客人不在房间，破损要在洗衣单（一般一式三联）上注明，以便洗涤人员确认。

（五）将洗衣收取，送至房务中心

（1）将洗衣收取，统一送至房务中心。

（2）与房务中心文员共同核实洗衣单内容及衣物、编号、分类（干、湿洗）。特殊衣物特别处理，如皮衣、羊毛衫等。如果衣物不耐高温或者有挂珠片等饰物，需要手洗。

（3）确认后，双方分别在洗衣登记本上的收取人栏和登记人栏签字认可。

（六）客衣收发员收取签字

（1）洗衣房客衣收发员定时收取衣物。

（2）收取时，逐袋、逐项核对房号、衣物数量等是否与实际相符。

（3）确认后，在洗衣登记本上的洗衣房确认人处签字。

（七）洗衣送回

（1）普通洗衣当日下午6：00点前送回。

（2）每日中午12：00点以后收取的洗衣，于次日下午6：00点前送回。

（3）加急洗衣于4小时内送回。

（4）洗衣送还由客房中班服务员与客衣收发员共同核对衣物无误后，为其开门将衣物送回客人房间，并在洗衣送还本上双方签字确认。挂件挂在壁柜里，折叠衣物放在床上。领回客衣时要注意对号入座，切忌放错客人衣物。送客衣回房间务必请客人在洗衣单上签名验收。如客人有质疑衣物清洁问题及破损状况请客人稍等，并将问题转达洗涤部。

（八）特殊情况的处理

1. DND房间处理情况

（1）挂"DND"房间可以不查客衣。在客人准许后打扫时发现有洗衣，如超过收客衣时间，可以收取并给客人留言，告之因超过收客衣时间，洗衣将在第二天返回，如需加急请与客房中心联系。

（2）客人应提前声明或要求。

注：长住客有特殊要求除外。

2. 加急洗衣的收取

（1）加急洗衣在收到客人通知时进行收取。

（2）收洗衣时向客人说明要加收50%的加急费。

（3）及时通知洗衣房收取。

3. 客衣收发员的衣物检查

（1）在衣物分类时检查衣袋是否有其他物品，如有，及时与房务中心联系并归还客人。

（2）检查衣物是否有纽扣失落或破损。

（3）检查客人填写的数量与物件是否与实物一致。

（4）如有差异，及时填写衣物差异单送到客人房间。

二、客衣收发内容与标准、注意事项

（一）客衣收发内容与标准

1. 客衣收取

客衣服务值班员应礼貌接听有关客衣的电话，做好记录，并及时通知楼层服务员收取客衣，集中到楼层工作间，再通知相关人员到楼层将客衣拿回洗衣房。

客房服务员每天2次到客房收取客衣，交楼层领班点收。收取洗衣单、洗衣袋内衣物核对检查清楚，客衣有无破损、严重污迹及口袋内有无物品须检查细致，同客人校对与记录准确。洗衣房收发员到客房部收取客衣2次，按单签收，数量准确。客衣快洗记录清楚，取衣后按时送回收发室。整个客衣收取过程中做到收衣及时，检查认真，交接手续规范，特别要求或特殊情况记录准确。

2. 客衣核对

客衣收发员将客衣收到洗衣房后，首先进行核对检查，如房号、洗衣单、客人姓名、衣物件数等。在点数中如出现客人填写数与实际数不符、洗涤要求与服装质料不符、衣服有破损、衣袋内有物品、衣服上染色等问题，要在洗衣单上注明并记录下来，及时与客人进行联系，说明情况，再根据客人的意见进行处理。

3. 客衣的打码

客衣核对无误后，再进行打码分类。收发室收到客衣后，清点、检查、开单明确具体内容。按客房号码将客衣一一打号，工作细致，号码准确，打号牢固。无错打、漏打、混打现象发生。可根据洗衣单上的房号，在打码机上拨号，把水洗、干洗或熨烫方式及代号一同拨上，先打在洗衣单上，核实无误后再打到客衣上，同一件衣物的号码要一致。打码的同时要求再次核对客衣数量，再检查衣物的质地与所填的干/湿洗、熨烫单是否相符，并按洗烫方式的不同将衣物严格分开。打号后的客衣及时分类，分类程序、方法与要求明确。干洗、湿洗、手洗分类清楚。干洗类中的机洗、手洗分类明确。湿洗类中的深色、杂色、白色和衬衣、毛涤、涤棉、羽绒、丝织物等有不同洗涤要求的衣物分开。整个分类符合衣物洗涤要求。不会因分类不当引起洗坏、染色、起皱等现象。

打码后的衣物，如是同一种洗熨方式的，再按衬衣、上衣、长裤、内衣、内裤、袜分开放，手帕与丝巾需要另外处理。对标有"加快服务"的衣物要按要求打码分类，及时处理，并保证质量。将客衣交洗烫服务员洗涤、熨烫，并填写客衣交接的表格。对有特别要求和不易用洗涤设备烘干的衣物，要和洗烫服务员交接清楚。

4. 客衣的叠衣、核对、包装

客衣在洗衣房洗烫完成后，交至客衣组负责折叠、核对、包装。客衣收发员在从洗衣房收取客衣时要仔细检查洗烫后的衣物是否洗净、熨干，是否熨平、挺括、有形，是否有破损、衣扣脱落、被染色等现象。若发现问题应及时退回重新处理。对于无法去除的污渍，需在送衣时留言。对于洗涤正常的织物应按衣物上的号码对照洗衣单上的房号，将衣物放入客衣存放柜的相应木格内。同时检查衣物折叠是否标准，有无按客人要求办，并按规定进行后续的装包放置。

5. 送回客衣

收发室从客衣部接到熨烫好的客衣，根据打号条和洗衣单按房号装袋或挂架准确无误，每天2次送回楼层交客房主管签收。送回时间：普通洗涤不超过18小时，加快洗涤不超过 6 小时。楼层收到客衣后，服务员送回客房放在床铺上交还客人。贵宾的衣物送客房部，由楼层主管送交客人。客衣洗烫完后，通常于每天下午由客衣收发员送回。也有的酒店规定水洗、熨烫衣物当日送还，干洗衣物第二日送还。送回前再次检查客衣包装是否符合要求，将客衣按楼层和房号顺序整齐地送入客人房间。

（二）注意事项

（1）洗衣要尽可能地快，不能耽误，要卡好时间并提醒洗衣房。

（2）对醉酒客人要特别小心，清楚明白，签字到位。

（3）不得将客人的衣物乱扔、乱放，要整齐地放在工作间。

（4）取回的衣物要挂好，不得乱放。

（5）送回房间前，要仔细检查是否干净，方可送回。

（6）送回房间时，要在房间撕掉标签，不得提前撕。

（7）如客人要加急洗衣，要告知洗衣房并和洗衣房确认可以加快洗衣，方可答应客人。

（8）如客人对衣物有其他特殊要求，要及时知会领班解决处理。客衣一般由客房服务员收取。

三、客衣洗涤服务质量标准

（一）干洗

干洗前认真检查客衣布料、质地、性能与颜色深浅、脏净程序。有较重污迹、不宜同时洗涤的客衣先用手洗去污渍，再投入干洗机。衣物冲洗、投油后洗涤 3~5 分钟，自动干冲洗，烘干。洗涤后客衣洁净，无任何污迹、汗渍、掉色、脱扣等现象发生。

（二）湿洗

湿洗前检查衣物袖口、领子等易脏处。喷去污药水去渍，再投入水洗机。湿洗分类洗涤，每类衣物正确选择洗涤剂。衣物重量与机器容量相适应。准确掌握水温、气压、冲洗时间。然后烘干，烘干温度一般控制在 60℃以下，湿洗后的客衣干净、完好、不褪色、不染色、无任何污点。

（三）手洗

丝绸、百褶裙、丝袜等有特别要求的客衣，坚持用手洗。洗涤时根据衣物污渍情况和洗涤要求，合理选择洗涤方式，掌握水温。轻揉轻搓去渍，用清水冲洗干净。容易掉色的衣物装袋洗涤。洗后的衣物洁净，无任何破损。

四、衣物熨烫操作程序

根据衣物种类和部位要求不同，分别选择布烫机、人像机、裤头机、夹衣机熨烫。

衣物部位选放准确，蒸汽开放适量，喷气与熨烫时间准确无误。熨烫后的客衣根据需要打冷风。熨烫后的客衣交质检员做客衣洗涤质量检查。整个客衣洗涤做到衣物洁净无污渍，无异味，该平整的平整，该挺括的挺括，该柔软的柔软，折线清晰，裤线无双线。不合质量要求的衣物一律回洗或回烫，保证客衣洗涤质量。

（一）准备

（1）打开熨斗电源蒸汽开关，调校熨斗温度。

（2）检查不同湿度和降温是否灵敏，用清洁剂或蜡清洁熨斗面板，使熨斗更干净，便于熨烫操作。

（二）注意事项

（1）按衣物不同的熨烫温度，调整到适当温度位置，调整蒸汽纯度；利用烫台、烫板、烫马、烫枕等用品，使用推、拉、拔、归等熨烫方法，按不同衣物整烫顺序要求操作，对真丝及化纤衣物，要小心调低温度，用垫布熨烫。

（2）蒸汽熨斗在使用过程中，要注意温度的调整及升温情况，严格控制熨烫温度低于衣物承受温度，控制熨斗在衣物上的停留时间。用完后即关上电源、蒸汽阀，严禁直接将熨斗放在烫台上，以保安全。

（三）具体衣物熨烫

1.西服

（1）注意客衣上所不能熨的部分。

（2）西服的领子要从反面熨烫（顺着后片中缝至腋下）。

（3）熨烫左片正面、左翻领内里和右片正面、右翻领内里。

（4）熨烫肩部及肩口。

（5）熨烫领子及左右边的翻领，调整西服领形。

2.裤子

（1）裤子内折线前中线一定要对直。

（2）两裤筒的前中线与后中线的高度要相等。

（3）手工熨烫时要布贴面，避免熨斗烙痕。

（4）前后口袋要翻开熨烫。

3.衬衣

（1）先熨领子和袖口，熨烫正面时间要短，背面时间要长，直至压干为止。熨烫袖子要先左后右，对准袖筒缝合线。

（2）熨烫翻领或翘领，熨烫成所需的领形。

（3）熨烫好的客衣，要仔细检查是否合格。

（4）加急的要先熨烫。

第二节 员工制服

酒店各部门员工送洗的制服是洗衣房每天都要清洗的主要衣物。并不是所有衣物都可以直接机洗。比如领带、丝巾、衬衣领口及袖口，西服外套一律用专用清洗剂进行手洗。其他无特殊要求的工作服可用机洗。

按照酒店的管理规定，洗衣房要为每一位入职的员工发放制服，所发放制服必须符合的要求为：所发制服无污渍，无破损，挺括；所发制服编号准确；收发实行"以脏换净"。

一、制服收发与机洗流程

（一）制服收发流程

（1）备好各种制服收发工作单。

（2）礼貌地问候员工。

（3）填写制服收发工作单。

（4）对收进的脏制服应分类摆放，以区分干湿洗。

（5）将有特殊污迹和破损的制服分开摆放，以便进行特殊处理。

（6）将脏制服送至洗衣房洗涤。

（7）检查洗衣房送来的干净制服，确保符合规定的标准。

（8）整理制服并按编号上架存放。

（9）每日统计制服换洗量。

（二）机洗流程

（1）首先将工作服放入洗衣机中，先用足量洗衣粉浸泡10分钟。

（2）启动洗衣机，按设定好的程序进行洗涤。

（3）进行脱水并烘干。

（4）将清洗并烘干好的工作服按使用者的名字或编号进行整理并晾晒。

（5）工作服晾晒半干后，按照标准熨烫程序进行熨烫，再进行第二次晾晒。

（6）晾晒干后，叠放整齐并进行归类、登记，由各部门服装送洗员工本人签字领取。

二、员工服装的清洗及换洗原则

（一）换洗次数

（1）西装、领结、围巾、帽子限每周更换一次。

（2）衬衣每周最多更换三次。

（3）连衣裙、工衣、工裤、工裙每周限更换二次，马甲、洗碗工衣隔天更换。

（4）厨衣、厨裤、围裙每天更换一次。

（5）特殊情况换洗工服由部门主管确认方可换洗。

（二）其他规定

（1）更换制服时必须"以脏换净""以一换一"，否则不予更换。

（2）各位员工必须认真按照公布的时间换洗制服，否则不予更换。

（3）换洗制服时请清空袋内个人物品，按先后顺序逐一更换。

（4）制服如有人为损坏等情况，将按酒店制服管理有关规定赔偿。

（5）不得私自修改制服编号。

（6）员工不得将私人衣物送至工服房代洗。

三、酒店员工服装管理制度

为规范酒店员工服装管理，更好地掌握员工服装发放及退换情况，酒店制定的服装管理制度如下：

（一）制服发放的范围

每位正式员工、餐饮加盟酒店将按员工具体工作岗位提供制服（含鞋袜、工作帽、头花、领带、围裙等）。且必须按酒店规定统一着装并佩戴工号牌。

（二）制服发放时间

员工自入职之日起予以发放，员工发生调动之日起予以收回。新员工制服的发放由人力资源部开具《员工制服发放单》，注明其部门、具体岗位及发放的数量等，由本人去工服房领取。

（三）服装的清洗及换洗原则

为确保服装的干净、整洁，员工服装定期清洗，一般情况下一套由员工穿着，另一套由工服房保管，以备调换。换洗须遵循"以一换一，以脏换净"的原则。

（四）制服及鞋袜的保管

员工须妥善保管制服，爱惜制服，保持制服的清洁。如有破损、脱线、纽扣脱落等现象应立即交工服房修补。房务部应建立工作服保管、发放、检查、报废、洗涤等制度，并负责缝补及改制工作。房务部每季度初将季度服装在用数及各类服装的库存量报行政人事部，以便补充。

（五）工作服使用遵守事项

（1）上班时间必须统一着酒店配发的工作服。

（2）下班后，员工须将制服存放于更衣柜内，不可擅自把制服穿离酒店，特殊情况除外。

（3）员工离职时，须将领用的制服归还工服房并办理手续。

（4）员工应爱护工作服，对配发的工作服有保管、修补的责任。

（5）员工应尽量减少工作服在非工作时间的损耗，酒店所发服装及工鞋原则上不得穿出酒店，违者将按有关规定处罚。

第三节　酒店布草

酒店的纺织用品种类繁多，功能强大，质量要求高。基础分类有以下两大类：酒店床上用品（6件套）：床单、被套、枕套、枕芯、被芯、护垫。巾类（4类）：方巾（餐厅、客房均可使用）、面巾、浴巾、地巾（卫生间地面防滑用）。

一、布件面料分类

布：s——纱支，国家固定的标号；C——棉；T/C——涤棉。C40s×40s——表示棉织品，每平方英寸经纱40支，纬纱40支。纱支是组成成品布的最基本单位，纱支的数字与其粗细成反比，数字越大越细，而相应的对原料（棉花）的品质要求也更高。标号越高、纱越细、成本越大。

经纬密度是指每平方英寸中排列的经纱和纬纱的根数，如通常见到的"40×40/140×120"表示经纱、纬纱分别40支，经纬密度为140×120，这也是床上用品选购的一个重要技术指标，同样支数的床品密度越高越好，高支才能高密。羊毛衫之所以能够保暖就是因为每平方英寸排有250根纱，精细密度带来了高保暖性。织物密度越小，缩水率越大；织物密度越大，缩水率越小。

（一）按不同的加工方法分类

1. 机织物

由相互垂直排列即横向和纵向两系统的纱线，在织机上根据一定的规律交织而成的织物（酒店布草中的被套、床单、台布面料大多是机织物）。

2. 针织物

由纱线编织成圈而形成的织物，分为纬编和经编（如我们最常见的汗衫就是针织物，酒店布草中很少用，少数外窗帘的面料是针织的）。

3. 非织造布

将松散的纤维经黏合或缝合而成。目前主要采用黏合和穿刺两种方法（如酒店布草中的某些洗衣袋、一次性拖鞋都是非织造布）。

（二）按构成织物的纱线原料分类

1. 纯纺织物

构成织物的原料都采用同一种纤维，有棉织物、毛织物、丝织物、涤纶织物等（酒店布草中的被套、床单、枕套等基本都是纯棉织物，也叫全棉织物）。

2. 混纺织物

构成织物的原料采用两种或两种以上不同种类的纤维，经混纺而成纱线所制成，有涤粘、涤腈、涤棉等混纺织物（酒店布草中有些被套、床单、枕套就是涤棉等混纺织物）。

3. 混并织物

构成织物的原料采用两种纤维的单纱，经并合而成股线所制成，有低弹涤纶长丝和中长丝混并，也有涤纶短纤和低弹涤纶长丝混并而成股线等（酒店中的少数窗帘和装饰布就是此类织物）。

4. 交织织物

构成织物的两个方向系统的原料分别采用不同纤维纱线（如酒店布草中的多数床裙面料和床尾巾面料就是交织织物）。

（三）按构成织物原料是否染色分类

1. 白坯织物

未经漂染的原料经过加工而成织物，丝织中又称生货织物。

2. 彩色织物

将漂染后的原料或花式线经过加工而成织物，丝织中又称熟货织物。

（四）按组成机织物的组织结构分类

按组成机织物的组织结构分类，可分为平纹、斜纹、缎纹与提花组织，也称平纹、斜纹、缎纹与提花织物（面料），酒店中的被套、枕套、床单这三种面料都很常见，用得最多（缎条面料、回字格面料、大提花面料都是一种或多种组织的结合体。具体解释必须结合具体面料）。平纹组织是由经、纬纱一上一下相间交织而成。经纬纱之间每间隔一根纱线就交织一次，组织点频繁，经纬纱联系紧密，布身结实、坚牢。斜纹纯棉布料的密度为 $133 \times 72/40 \times 40$；平纹纯棉布料的密度为 $76 \times 68/30 \times 30$。缎纹组织的单独组织点，在组织上由其两侧的经（或纬）浮长所遮盖，故在组织表面都呈现经（或纬）浮长线。因此，布面平滑、匀整、富有光泽、质地柔软。

（五）新颖织物分类

1. 黏合布

由两块互相背靠背的布料经黏合而成（酒店布草一般不用）。

2. 植绒加工布

在布料上布满短而密的纤维绒毛，具有丝绒风格，可作衣料和装饰料（某些酒店窗帘就是此类织物）。

3. 泡沫塑料层压织物

是将泡沫塑料黏附在作底布的机织物或针织物上，大多用作防寒衣料（酒店一般不用）。

4. 涂层织物

在机织物或针织物的底布上涂以聚氯乙烯（PVC）、氯丁橡胶等而成，具有优越的防水功能（如酒店用浴帘）。

二、布件面料选择

（一）面料基本知识

1. 高支高密面料

高支，指纱的支数，一般情况下，超过40s的纱即为高支纱；密度超过95根/英寸，即为高密度。床品新标准不考核密度，只考核单位面积质量（重量）偏差率。

2. 面料上的标识

$110''60 \times 40/173 \times 120$

说明：

① $110''$ 是指面料幅宽，110英寸（$110 \times 2.54 = 279.4$ 厘米），

② 60×40 是指织物用纱为经纱60s纱，纬纱40s纱。

③ 173×120 是指织物密度，第一组数字指经纱密度173根/英寸，第二组数字指纬纱120根/英寸。

（二）面料工艺

面料工艺有素色、印花、提花（大提花、小提花、素色提花、色织提花、多色纬提花）。

（1）素色：先织后染称素色，先染后织称色织。

（2）印花：先染色再印花称为素色印花，印底色称为刮地印花。

（3）提花：①用提花机织造的花形为大提花；②用多臂机织造的花形为小提花；③两色纬提花称为双色提花；④两色以上的纬纱提花称为多色提花；⑤先织后染的提花称素色提花；⑥先染后织的提花称色织提花。

（三）面料的品质识别

1. 高支高密丝光纯棉面料制作的高档织物

纯天然纤维、手感丰满、挺括、光滑柔软、厚实细腻，与肌肤接触无任何刺激感，

吸湿性、透气性好，无静电产生，对人体有益无害。外观感觉高档、豪华（使用此类产品让人感觉身价倍增）。

2. 丝棉面料是用高支纯棉与蚕丝交织而成

纯天然纤维，手感柔软、丰满、光滑、细腻、光亮、与肌肤接触舒适，无任何刺激感，各种性能优于纯棉。外观感觉高档、华贵、豪华。丝棉面料中的天然蚕丝有消除皮肤黑色、治疗皮肤病、使皮肤变美的功效。现代医学证明天然蚕丝所含的特殊丝胶SERICIN 成分，具有抗过敏、亲肤性等保护作用。因蚕丝是一种多孔纤维，所以保暖、干爽、透气性突出。

（四）填充料

填充物有化学纤维（合成纤维）、天然纤维、羽绒等几种。

三、床上用品的分类

（1）套罩类：被套、床裙、床笠。

（2）枕类：粗略可分为枕套、枕芯。枕套又分为短枕套、长枕套、方枕套等；枕芯又分为四孔纤维枕、方枕、木棉枕、磁性枕、乳胶枕、花草枕等。

（3）被褥类：七孔被、九空被、四孔被、冷气被、保护垫。

（4）套件：四件套、五件套、六件套、七件套等多件套。

四、床上用品的面料

面料指在床上用品中，用来制作成品表面的布料。对面料的要求，除了内在质量要求外，还必须有很好的外观，面布的撕裂强度、耐磨性、吸湿性、手感都应较好，缩水率控制在 1% 以内，色牢度符合国家标准的布料都可以采用。

（一）床上用品面料的发展

我国传统床上用品适用的面料比较单一，只有粗纺棉布、丝绸和缎料；20 世纪 80年代中期兴起的踏花被，面料多用腈纶和涤棉；一直到 90 年代初期，精梳全棉面料才小批量上市。到今天，价格昂贵的贡缎、提花和色织等纯棉面料已逐渐为人所接受，成为市场主流。

（二）几种酒店常用主要面料

酒店床上用品适用的面料有涤棉、纯棉、涤纶、腈纶、真丝、亚麻及一些混纺面料，其中最常用的是涤棉和纯棉面料。

五、布草洗涤保养

（一）不同面料的洗涤保养

1.棉织物

清洗时，应把洗涤剂（勿使用含漂白剂成分的洗涤剂）放入水中，待完全溶解后，再放入棉织物。一般浸泡时间不超过半小时，水温不超过40℃。浅色和深色面料分开浸泡和洗涤，避免染色。

2.真丝面料、丝绵面料、大豆纤维面料

常温水洗涤（建议用丝毛洗涤剂，不能使用含生物酶的洗涤剂），洗时加少许醋可增加面料光泽。可干洗、手洗，水洗时不能甩干，不能用力拧干，不能在日光下曝晒，低温熨烫。

3.羊毛、羊绒纤维的面料

常温水洗涤（建议用丝毛洗涤剂，不能使用含生物酶的洗涤剂），避免长时间浸泡，可干洗、水洗，中温熨烫。

4.化纤面料

常温洗涤，不能用高温水浸泡，可机洗、水洗，绒类面料不能熨烫绒的表面。

5.蚕丝面料、竹纤维面料

常温洗涤，不能用高温水浸泡，可干洗、水洗，机洗时不能甩干，洗后在通风避光处晾干即可，不能在日光下曝晒，低温熨烫。

6.亚麻面料

洗涤时，不能用力搓、揉，以免起毛，影响外观和寿命。

7.其他

如用烘干机，请选用低温烘干，温度不要超过35℃，以防过度缩水。有花边、坠子等可取下的装饰物一定要先取下再洗。

（二）洗涤详细程序

（1）处理阶段——冲洗和预洗。

冲洗：

①水位和水温：一般选用中高水位。床单、被套、枕套、浴衣、毛巾等由于附着人体汗渍，冲洗水温与人体温度相接近，温度在35℃~40℃；餐巾、台布因为脏污、果汁、蛋白质多，温度在60℃~70℃，高于前者。

②时间：一般为2~3分钟，时间不宜过长，过长易重新沉积。如果脏污较重，最好加多一次冲洗，时间最长不超过5分钟。

预洗：预洗为主洗服务，一般加洗衣粉，时间不宜过长，低水位。

（2）去污阶段——主洗与漂白。

主洗：主洗具有去垢作用。

①装载量为机器容量的 70%~80%。装载量过多容易损坏机器，同时造成织物摩擦力不够，影响洗涤效果；装载过多，使产品摩擦增大，容易起球。

②时间不宜过长。控制在 10 分钟左右。

③水位为低水位。

④纯白色棉织物温度一般为 80℃；涤棉化纤的有色产品水温控制在 40℃以下；丝织物在 40℃以下。

⑤主洗剂一般为乳化剂和碱粉。

漂白：

①漂白剂有氧化漂白剂 $Ca(ClO)_2$、$NaClO$、H_2O_2、$NaBO_2$ 和还原漂白剂如 $NaSO_3$。常用的是 $NaClO$、H_2O_2。$NaClO$ 漂白水的有效含氧量为 10% 左右；工艺条件为 pH8~11（碱性），温度为 40℃~60℃，时间为 6~9 分钟（注意：$NaClO$ 浓度不宜太高，过高易损害织物，另外，漂白时间过长也会损害织物）。酒店常用的是漂白水（$NaClO$）。双氧水（H_2O_2）漂白成本高，不易使织物变黄，对织物损伤小，稳定性强，且柔软性能高，对有颜色的布草只能用双氧水漂白。而氯水漂白使织物粗糙，对织物损伤大且易泛黄。

②时间为 6~9 分钟。水位为中水位。温度为 40℃~60℃。氧漂温度为 80℃~90℃，采用氧漂时也要根据织物承受程度而定。

（3）处理阶段——过水。

①过水要清，必须达到 3~4 次，否则洗涤剂残留其中，对织物有损伤。

②过水为中高水位。

③过水温度要逐渐降低，骤然降温易使织物再次吸附脏污。

（4）处理阶段——柔软、中和、增白、上浆。

①柔软：加柔软剂使织物蓬松、舒适，另外也有去静电作用。柔软剂要适用多种织物，一般采用阳离子柔软剂，主要有叔胺盐类、季胺盐类、烷基咪唑衍生物。但阳离子柔软剂也有其缺点，用量过大易使织物泛黄，使染料褪色，而且对荧光增白剂有抑制作用。用量合理，织物很少发生泛黄或使染料变色现象。假如过量而泛黄，只要按织物洗涤程序重新处理一次即可，切不可使用漂白处理或酸洗处理，这样更易使织物泛黄。

②中和：碱性成分存在使织物泛黄或泛灰（钙皂），使织物发硬，另外容易对人体皮肤有害，所以正常洗涤后，一般使用中和剂进行中和处理。中和一般有以下几种作用：中和残留的碱，中和水中可能存在的碳酸氢钠，除铁锈渍，除钙皂，调节 pH，减少过水次数。中和剂一般用冰醋酸和磷酸。如果中和剂过量，会对织物有损害，令白色织物

泛黄，并且腐蚀设备。

③增白：采用氧漂方法。织物在多次使用及洗涤过程中会产生浅黄色或微黄色，所以需要增白。增白有两种方法。第一种是加蓝增白。直接耐晒染料和盐基紫染料，可用于纤维素纤维织物；分散蓝染料可用于涤棉混纺织物。第二种是荧光增白。直接性荧光增白剂主要增白棉、维纶和锦纶，分散性荧光增白剂主要用于聚酯纤维，酸性荧光增白剂主要用于羊毛、锦纶、醋酸纤维、腈纶、涤纶。一般设基础白度为1，漂白为1.5，荧光增白为2.5。如果织物本身基础白度差，再用增白粉效果更差。

④上浆：上浆具有好看耐用便洗以及保护纤维作用。毛巾、床品类、浴衣类一般不上浆（根据实际使用需求），通常口布、台布上浆。

（5）脱水阶段。

脱水：脱水一般为5分钟，各织物性能不同，脱水时间也不同。

（三）水质对洗涤的影响

（1）水分为硬水和软水。硬水分为暂时硬水含 $Ca(HCO_3)_2$ 等和永久硬水 $Mg(OH)_2$ 等。水中也含铁离子（Fe^{2+}、Fe^{3+}）。

（2）硬度为 PPm，即每 100 万份水中所含碳酸的份数。

（3）洗涤用水要求。正常生活用水 pH 为 4.0~8.5，为考虑织物的洗涤效果，洗涤用水需进行转化处理，pH 为 6.5~7，总硬度 2.5PPm，铁 0.1mg/L，锰为 0.05mg/L，比生活用水要求高得多。

（4）水必须经过软化再洗涤。

（四）常见布草洗涤注意事项

1. 全棉系列布草洗涤注意事项

（1）基本要求。

①漂白与素色要分开浸渍洗涤。清洗前，需先用清水过水，然后用洗涤液清洗，洗涤液需搅拌均匀后才能放入布料中，否则，很浓的洗涤液直接滴在布料上，会使布料损坏，会减少布草使用的次数。

②洗涤温度：漂白织物一般在 60℃左右，染色织物一般在 40℃左右。

③为了确保染色的色牢度，洗涤时不能使用荧光剂或含有荧光剂的洗涤液。

④织物熨烫时，需要长度、宽度各熨烫一遍，使之尽量达到方正。

⑤需经常检查洗涤设备，不得有锋利处，以免钩破织物，造成不必要的损失。

（2）常规产品洗涤。

1）白床单、枕套、被套等的洗涤。

①冲洗要求高水位的充足水量，温度为 40℃。

②主洗 A，温度为 40℃（加洗衣粉），温度达到后作用时间为 2 分钟，在 7 公斤蒸

汽压力供给情况下，低水位洗涤通常都加洗衣粉。

③主洗 B，温度为 60℃，时间为 5 分钟，低水位洗涤。

④脱水时间设计在 5 分钟（全棉），采用中脱的脱水方式。

2）巾类洗涤。

①分类洗涤：浴巾一类，地巾一类，面巾、方巾一类。如果混在一起会增加产品相互之间的摩擦。

②若使用双氧水洗涤、主洗 B 温度为 60℃。

③对有颜色织物主洗 B 温度为 60℃，并同时使用过硼酸钠做漂白处理。

④浴巾、地巾脱水时间设计在 8 分钟。

3）浴衣洗涤。

①预洗 5 分钟，中脱 1~3 分钟，主洗 60℃左右 15~20 分钟，中脱 1~2 分钟，过水 3 分钟两次，中和 5 分钟。甩干，取衣。

②主洗加入：通用粉（洗衣粉）、乳化剂、彩漂。

③中和加入：中和粉、柔软剂。

4）台布、口布、围单洗涤。

①漂白和有色台布要分开浸渍洗涤。

②洗涤液需搅拌均匀后才能放置布料，否则，很浓的洗涤液直接滴在台布上，会使布料破损。

③漂白台布洗涤温度为 60℃，染色台布为 40℃。

④为了确保颜色台布的色牢度，洗涤时不能使用荧光剂及含有荧光剂的洗涤液。

⑤台布熨平时，长度、幅宽需各熨一遍，使之尽量达到方正。熨烫温度不得高于 160℃。

2. 棉感系列纺织品洗涤注意事项

（1）洗涤时应注意与其他棉织品分开，避免其他棉织品纤维脱落黏附到产品上，影响产品使用。

（2）产品按照深、中、浅的颜色分开洗涤。

（3）产品洗涤时，水温不高于 60℃，整烫温度不得高于 160℃。

（4）有色织物不得使用漂白剂或有漂白成分的洗涤剂洗涤。

（5）重度污渍可以先加上洗涤剂浸泡数小时后，先进行手工处理后，再进行洗涤，污渍容易洗净，效果会更好。

（6）污渍没有洗净的纺织品切勿进行熨烫。

（7）保持熨烫机滚筒的清洁，否则会使纺织品熨烫效果受到影响，出现连续皱纹；因此在连续熨烫过程中及时清理滚筒，每工作日最好清理 2~3 次。

（8）洗涤的纺织产品如果 pH<5，熨烫后产品会出现皱纹，切记，pH 必须控制在 6~8.5。

（9）洗涤后即可以熨烫，不需要烘干或隔一段时间再整烫，避免产生皱纹，影响美观。

3. 常见洗涤问题及处理

（1）织物泛黄。

①水没有软化，出现铁锈渍，使织物泛黄。

②烘干时温度过高，使织物变黄发脆。

③氯漂本身使织物泛黄，没有增白。

④过水不清，长此以往，残留氯水使织物泛黄。

⑤柔软剂或中和剂过量也易使织物发黄。

⑥织物本身质量问题。

解决泛黄现象。在高温（60℃~70℃）下洗涤，在洗涤时只放少量洗衣粉（100公斤的装机容量，放 300 克洗衣粉），再放微量（150 克）漂白剂状态下洗涤，这样可把毛巾上荧光增白剂可去掉，毛巾、浴衣就可以变白了，不会泛黄，但油污泛黄除外。

（2）织物泛灰。

①没有中和洗涤用水，钙皂残留其中。

②洗涤剂质量问题。

③水没有经过软化，产生钙皂覆盖在织物表面和内部。

④织物本身性能问题。

（3）织物起皱。

①洗涤温度过高，使织物本身承受不了，易起皱。

②过水时没有逐级降温，骤然降温易使织物起皱。

③熨烫时含水率过低或者熨烫时蒸汽压力不够。

④织熨烫机本身问题，许多平烫机为单滚筒。应用双滚筒或槽式平烫机。

⑤织物本身密度过高，或织物性能问题。

（4）织物起球。

①过水时洗涤温度不能过高，因在温度过高时，棉纤维的横截面膨胀，棉纤维中的短纤维很快游离出来，短纤维纠结在一起易形成毛球。

②洗涤时装载量不能太小。洗涤量为机器容量的 70%~80%，过小会加大洗涤强度，使产品起球。

③不能与其他棉织品混洗。

（5）吸水性差。

①毛巾在生产过程中已经加入了柔软剂（好处是产品的手感较好，由于柔软剂的主要成分是硅油，它是一种不易溶于水的物质），可能导致产品的吸水性较差。

②产品在初次洗涤的时候不需要进行柔软处理，洗涤的温度可以提高到80℃，再加上适量的洗衣粉，就可以改善产品的吸水性，一般在洗涤两三次后可适量增加一些亲水性的柔软剂来缓解一下手感和吸水性。

③织物本身的性能问题。

（6）抽毛、拉纱现象。

①检查洗衣设备的滚筒，确保无破损，防止硬性勾拉造成毛巾损坏。

②洗涤中注意品种分类，尽量分品种洗涤，如地巾厚而重，与浴巾同机洗时很容易对柔软的浴巾纱线强力造成影响。

③毛巾在投放洗涤时，要尽量避免杂乱绞合现象，这样容易造成洗涤时受力不匀、相互扯拉使毛巾损坏。

④使用轻柔的洗涤程序，还要保持洗衣机的转速，转速不宜过快。转速过快容易对棉织品的使用寿命产生影响。

⑤由于洗涤时装入毛巾量过大，使毛巾间的摩擦增大，从而使得毛巾毛纱被拉出。

⑥在洗涤前没有仔细检查洗涤物品里面残留的杂物，如牙签等。

⑦第一次洗涤的时候不用进行正常完整的洗涤过程，只加入适量的洗衣粉，加入清水洗涤即可。

⑧产品本身质量问题，如不合格等。

（五）不同洗涤剂对应的布草及污渍

水洗织物有台布、口布、毛巾、浴巾、床单、被套、浴衣、窗帘等，根据所洗织物的不同，选择不同的水洗材料。

（1）通用洗衣粉适用范围：棉、麻、化纤、混纺织物，如毛巾、床单、浴衣、浴裙、窗帘等。

（2）通用加酶洗衣粉适用范围：棉、麻、化纤、混纺织物，驱除人体蛋白、水迹等污垢，适合低温洗涤。

（3）强力洗衣粉适用范围：重垢衣物的洗涤。

（4）强力台布粉适用范围：台布、口布等。

（5）增白脱灰洗衣粉适用范围：白色织物的驱灰增白，彩色织物增亮增艳。

（6）氯漂粉适用范围：白色可氯漂织物色迹、污渍的去除，杀菌消毒。

（7）氯漂液适用范围：可氯漂织物色迹、污渍的去除，杀菌消毒。

（8）彩漂粉适用范围：白色、彩色织物的漂渍及增白增艳。

（9）氧漂液适用范围：白色、彩色织物的漂渍及增白增艳。

（10）油污乳化剂适用范围：重油垢织物的油污去除。

（11）中和酸粉适用范围：中和织物游离碱，脱除氯离子，增白增艳。延长织物寿命。

（12）柔顺粉适用范围：毛巾、化纤等织物柔软抗静电。

（13）软水剂适用范围：硬水软化，钙镁离子螯合，防止织物发灰发暗。

（14）合成碱适用范围：增加洗涤液 pH，有利于油垢皂化、分解，适用于台布、口布等。

（15）强力去污增白皂化粉适用范围：配合通用、强力洗衣粉，增加去污力，增白增艳。

（16）衣领净适用范围：领口、袖口等顽固污渍的预处理。

根据织物的特点及为方便消费者使用，专业洗涤剂不断推出。如丝毛洗涤剂等。根据不同污渍的特点，各种污渍去渍剂不断推出，如美国 GO 类、德国西施等。

（六）常见污渍去除方法

去渍目的是在不影响织物性能的情况下，消除或减少污渍对织物表面清洁度的影响。这就必须采取一定有针对性的方法。

（1）汁渍。冲洗、氨水浓皂液、醋酸、蛋白酶处理。

（2）血渍。冲洗、26% 氨水、氨水酒精皂液、硫黄皂液、蛋白酶处理。

（3）霉渍。肥皂酒精皂液、氧化剂（3%~5% 次氯酸钠或双氧水）、松节油。

（4）霉渍（丝织物上）。50% 酒精溶液、10% 柠檬酸。

（5）巧克力渍。四氯化碳、浓皂液、蛋白酶处理、3% 双氧水。

（6）动、植物油渍。苯或四氯化碳、四氯乙烯、酒精浓皂液。

（7）紫药水渍。酒精、甘油、10% 氨水浓皂液、3% 双氧水。

（8）红药水渍。冲洗、甘油、10% 氨水浓皂液、醋酸、3% 双氧水。

（9）油漆。香蕉水、四氯化碳、松节油、优质汽油。

（10）蓝黑水渍。中性洗涤剂、28% 醋酸、酒精氨水皂液、草酸、氧化剂（次氯酸钠或双氧水）。

（11）墨汁。中性洗涤剂、酒精浓皂液。

（12）唇膏渍。苯、四氯化碳、28% 醋酸、草酸、3% 双氧水。

（13）鞋油渍。优质汽油、四氯化碳、松节油、氨水浓皂液。

（14）机油渍。优质汽油、四氯化碳、酒精浓皂液。

（15）尿渍。冲洗、10% 氨水、10% 醋酸、3% 双氧水。

（16）衣领污渍。四氯化碳、10% 氨水浓皂液。

（17）青草渍。甲醇、香蕉水、中性洗涤剂、28% 醋酸、草酸、3% 双氧水。

（18）铁锈渍。10% 草酸溶液、酒精浓皂液。

（19）咖啡、茶、水果汁渍。中性洗涤剂、28% 醋酸、氨水皂液、草酸、氧化剂（次氯酸钠或双氧水）。

（20）酱油。中性洗涤剂、酒精氨水皂液、3% 双氧水。

（21）辣子油。甘油（40℃）、醋酸、酒精浓皂液。

（22）发蜡、发膏渍。四氯化碳、氨水浓皂液。

（23）指甲油。四氯化碳、香蕉水、酒精、氨水皂液。

（24）口香糖渍。四氯化碳、四氯乙烯。

（25）染料渍。松节油、优质汽油、酒精皂液、3% 双氧水。

（26）蜡渍。四氯化碳、四氯乙烯、肥皂酒精溶液。

（27）水性记号渍。氨水浓皂液、草酸、3% 双氧水。

（28）油性记号渍。松节油、优质汽油、四氯化碳。

（29）药酒渍。甘油、酒精、5% 双氧水。

（30）复写纸渍。酒精、浓皂液。

（七）洗涤设备及烘干、熨烫相关注意事项

（1）设备：洗衣设备有简易型、卡式、微机控制式、半自动型几种。洗衣设备也会影响洗衣质量。熨烫设备有单滚筒、双滚筒及槽式几种。双滚筒不用烘干机。槽式效果较好。

（2）烘干时，织物应有 5% 含水率。不宜烘得过干，过干使织物变黄、变脆，影响织物使用寿命。

（3）熨烫时需使织物保持适当的含水率，蒸汽压力要够。达到 8 磅（1 磅 =454 克）。

六、床上用品存放

（1）收藏时折叠整齐，并放入一定量的樟脑丸，在暗处、湿度低、通风良好的地方存放。

（2）羊毛被使用时不可曝晒。需晾晒后待被子放凉后再折叠，存放时放入防虫剂，置于干燥处，不可重压，可干洗。

（3）蚕丝被使用时，如受潮不可晒，应晾置在阴凉处风干，风干后待被子放凉后再折叠。储存时放入防虫剂，置于干燥处，不可水洗。

（4）羽绒被使用时可晾晒，晾晒后待被子放凉后再折叠，储存时放入防虫剂，置于干燥处，可水洗。

（5）白色、真丝产品不能放樟脑丸或放在樟木箱中，否则会发黄。

七、酒店床上用品质量常见隐患

国家质检总局曾在抽查报告中表示：酒店床上用品的质量问题主要存在于以下几个方面：

（1）少数客房床上用品产品甲醛含量严重超标。

（2）水洗后尺寸变化率不合格。

（3）染色牢度项目不合格。

（4）面料质地与国家要求不合格。

酒店应根据以上的几个方面有针对性地挑选床上用品，有效地降低风险。

八、布草的使用寿命和破损原因分析

（一）布草的寿命

酒店所用的布草有一定的寿命，所以酒店洗衣房除了对棉织品的正常洗涤外，还要做好棉织品的维护和保养，尽量延长使用寿命，减小其报损率。若超期使用，将会出现布草破损严重的情况，再投入使用将会影响酒店服务质量。

布草破损情况有以下几种：

（1）全棉：破小洞，边及角破裂，折边脱落，变薄易破，颜色变灰暗，毛巾柔软性降低。

（2）混纺：颜色变灰暗，棉部分纤维脆化，失去弹性，边及角破裂，折边脱落。

当以上某种情况发生时，应考虑产生原因及时更换布草。一般地说，棉织品的洗涤次数在正常洗涤情况下，大约为：全棉床单、枕套 130~150 次；混纺（35% 棉）180~220 次；毛巾、浴衣类 100~110 次；台布、口布 120~130 次。

（二）布草产生破损的原因

1. 洗涤方面造成的破损

（1）洗涤时加料时间不对。不能在机器内水量不足的情况下加料，尤其注意漂白的化学品，这样容易使洗涤剂集中在布草的局部而造成布草受损。

（2）漂白剂的使用不当。洗衣房应对漂白类的洗涤剂谨慎使用，特别是漂白粉（氯漂剂），如果使用温度不当，使用浓度过高，残留助剂会导致棉纤维脆化，出现破损现象。要针对不同的污渍，选用合适的产品。

（3）布草沾到腐蚀性的化学品。酒店所使用的各种清洁用品中，有一些是带腐蚀性的，特别是一些强酸性清洁剂对棉织品的影响很大，如果服务员在收集或清洁房间时，使棉织品不慎沾上这些清洁剂，需立即清洗，否则会使布草局部受损，形成破洞。

（4）误用洗涤剂。洗衣房的清洁剂都是一些化工用品，需要一定知识和责任心并正

确使用，否则有可能出现洗涤品错误混用，甚至加料错误的情况，也会导致这种结果。

2. 机器和人为造成的破损

（1）洗衣机的转筒有毛刺或某些部位不光滑，在洗涤过程中很有可能导致布草刮破或磨损现象，表现为抽纱、断纱，然后出现小洞，并逐步扩大。

（2）洗涤前分检工作不认真，使有些尖锐的或硬的杂物混在其中，在洗涤时造成破损。

（3）洗涤前后装车或出机时，用力过重或碰到尖锐物品刺破或勾破。

（4）洗涤脱水时均布不好或高脱时间过长，设备离心力过大导致拉破，或洗涤过水时间过短，次数少，洗涤残留或洗涤程序缺损，未中和去除残碱、余氯等。

（5）布草的本身质量及储存环境。棉织品必须避潮储存，仓库通风良好，仓库搁板边缘应光滑等，同时，布草房应避免虫害、鼠害。

（6）机械原因。装载量过小，洗涤时引起强力过大；或者洗涤设备内部有倒刺现象；洗衣筒转速过大，引起超量摩擦。

（7）混合一起烘干，烘干时间不一，增加部分织物的烘干时间，使纤维脆化，引起破损。

3. 避免破损的措施

（1）正确使用洗涤剂，掌握合理的加料时间和温度，了解洗涤剂的基本特性和使用方法，避免棉织品直接接触具有强酸强碱或腐蚀性的化学品。

（2）做好洗涤前的分检工作，包括布草种类的分检和杂物的分离。

（3）经常检查机器，布草的收集和输送要小心，防止二次污染和人为损坏。洗涤时装载量要在 70%~80%，太多或太少对布草的洗净度和磨损都有影响。空机检查机器滚筒内是否有尖锐、铁质杂物存留。

（4）做好新旧布草的分类，旧布草的自然破损与不正常破损应区分对待，新旧布草强度不同，脱水时间长短也应有所不同。

九、其他注意事项

（1）床上用品（不含芯类），清洗频率可根据个人的卫生习惯而定。初次使用前，可先下水漂洗一次，可将表面的浆质及印染浮色洗掉，使用起来会比较柔软，将来清洗时也不大容易褪色。

（2）除了较特殊的材质以及注明不能水洗者（如真丝），一般而言，洗涤程序为：先将中性洗涤剂倒入洗衣机的水中，水温不要超过 30℃，待洗涤剂完全溶解后再放入床上用品，浸泡的时间不要太久。因为使用碱性洗涤剂或水温太高或洗涤剂没有均匀溶解或浸泡太久都可能导致不必要的褪色。同时，清洗时浅色产品要与深色产品分开洗涤，避免互相染色。清洗后在室外通风处晾干即可，若要使用烘干机，请选用低温烘干，温度不要超过 35℃，可以避免过度缩水。总之，清洗前应仔细阅读有关产品的洗涤说明，有装饰附件的产品洗涤前一定要注意把花边、坠子等先取下，避免损坏。

（3）收藏时请先清洗干净，彻底晾干，折叠整齐，并放入一定量的樟脑丸（不能与产品直接接触），宜放在暗处、湿度低、通风良好的地方。长期不使用的被类产品在重新使用前可先在阳光下晾晒，使其恢复蓬松（羽绒、蚕丝类不适合在阳光下曝晒）。

（4）特别注意事项。

①亚麻产品洗涤时不能用力搓、拧（因为纤维较脆，易起毛，影响外观和寿命）。

②棉、麻产品收藏时要注意保持环境清洁干净，防止霉变。浅色和深色的产品要注意分开存放，防止影色、泛黄。

③白色真丝产品不能放樟脑丸或放在樟木箱内，否则会泛黄。

④除单孔纤维枕外，其他均可洗涤，但因其有厚度，一定要保证充分晾晒，使其完全干燥才不影响再次使用。平时最好使用枕套，免去洗涤的麻烦。

第四节　洗衣房的管理

一、洗衣质量的检查程序

（一）工服、布件的检查

认真检查经干洗、湿洗、熨烫的工服、布巾等物品，应着重检查的是：

（1）工服、客衣：领口、袖头、衣服边缘是否洁净，整体是否平整、挺括，是否有丢扣、开线处。验收合格放在一起，不合格重新送回车间洗涤或熨烫。

（2）布件：是否有污渍、褶皱、破口等问题，线条是否平直。把检查出合格的产品放在一处，不合格的返回车间，重新加工。

（3）检查衣服是否带有胶、漆图，受热后会变形，脱落的粘胶纽、装饰物等，如有此类衣物务必挂干。

（4）真丝、绒类及其他特殊布料宜晾干。

（二）对不合格产品的处理

对每日检查出的不合格产品进行登记，分析不合格的原因，特别应将造成事故的情况制成表格，送交领班并同领班分析事故原因，提出合理化建议，协助主管积极做好协调工作。

二、洗衣设备操作规范

（1）洗衣房设备由洗衣技术人员操作，其他人员严禁动用。

（2）设备要经常擦拭，保持清洁无灰尘，同时按时做好洗涤设备维护保养工作，其中可从日保养、月保养、年保养等方面做起。

（3）操作前必须检查机器、电器设施，看螺丝有无松动、各组各系统是否完好及各安全防护设施安置是否完好，严格按规章操作，严禁违章操作及设备超负荷情况下运行。

（4）出现故障和零件损坏要及时进行修理更换。

（5）发现洗涤机械异常声响或异味、运转不正常现象立即停机进行检修，严禁设备带病运行。

（6）洗衣设备维修员不得擅自离岗，若发生安全事故，及时处理。

（7）在洗涤程序中技术人员要严格把关，认真做好指挥工作。

（8）洗涤设备操作时严格按照产品提供商所提供的使用说明书进行操作。

三、洗衣房管理制度

因洗衣房设备操作声音大等原因，酒店洗衣房一般在酒店地下室。洗衣房规模根据酒店客房、餐厅接待能力大小确定。内部建有收发室、洗衣车间、熨烫车间。建筑结构合理，装修良好。洗衣间、熨烫间高大宽敞，通道畅通无阻。能够适应酒店洗涤业务需要。

其一，洗衣房业务范围方面，洗衣房能够提供干洗、湿洗、熨烫服务及棉织品洗涤和工作洗涤业务。各车间生产能力同洗涤业务量大小相适应。

其二，洗衣房组织机构健全方面。配主管，设收发班、洗涤组、熨烫组、缝纫组等机构。工种比较齐全，岗位职责明确。洗涤程序、管理要求、规章制度健全，内部分工明确，工作程序和规章制度能够切实得到贯彻实施。

其三，洗衣房人员方面，洗衣房各班组员工熟悉酒店规章制度和员工守则，熟练掌握设备性能、操作方法、工作程序以及干洗、湿洗、熨烫、折叠等专业知识，熟悉各种洗涤剂的性能、用途、使用方法，具有一定实践经验，遵守操作程序和技术规程。无违章作业现象发生。

酒店布草管理房务部负责对酒店客房所使用的布草进行管理，对餐饮、康乐部的布草进行洗涤。

1.洗涤

洗衣房在洗涤前，认真分类检查，床单与巾类不得混在一起洗涤，餐饮布草与客房布草分开洗涤，并将特殊污垢的挑出单独处理。严格按洗涤操作程序及投料标准洗涤，并填写《洗涤、消毒档案》记录。

（1）各部门因不正确使用布草或因客人使用不当而造成污染、破损的，洗衣房须及时与使用部门反馈，提出整改意见及措施。

（2）各部门每天送洗衣房的布草，无特殊情况，房务部必须安排在当日将其全部洗涤完毕。

2. 向客人索赔

（1）楼层服务员查房时发现布草污染，立即用清水洗涤污染处，如果处理掉则无须报前台，如确认处理不掉后，报前台向客人索赔。

（2）对于客赔、免赔的布草，由楼层主管凭有效单据到洗衣房换取相关干净布草，月底由洗衣房统一汇总并做消耗处理。

3. 盘点

每月月底洗衣房牵头与各个楼层对布草进行盘点。洗衣房盘点备用的，楼层负责房间内、布草车上及楼层仓库内的，免赔、客赔以及正常损耗的布草，必须有有效人签字，每月盘出准确的数字，由洗衣房每月列表报部门办公室，按规定数量及时补充。餐饮、康乐布草，由其部门自行盘点，每月盘点情况知会管理部门及财务部。

4. 布草报废标准与流程

（1）布草报废标准。

①布草上破洞已确认无法缝补或在显眼位置处缝补后影响客人使用效果的。

②有特殊污渍无法去除影响客人视觉和使用效果的。

③布草严重抽丝或脱线无法达到摆放要求和使用效果的。

（2）布草报废程序。

①布草达到使用次数，且影响对客质量时，新布草到位后，可由房务部对旧布草统一报废。

②废旧布草更改用途（如改做抹布），须由房务部申请，财务部批准后，方可操作。

③对于报废的布草，每个月底由楼层主管、洗衣房负责人核对后，按程序填报废单，部门经理签字确认报财务部处理。

5. 外洗

（1）洗衣房对于外洗的布草要根据单位分别建立《外洗记录登记本》，对于每次来洗涤的布草进行双方清点并做好记录。

（2）洗衣房按照不同单位的情况每月进行分析，特别对一些超出常规的污染、报废要进行统计并分析原因，月底报部门，经酒店批准后向外洗方进行解释。

6. 洗衣房工作要求

（1）遵守各洗衣房设备操作规程，及岗位工作职责，按时完成交付的洗涤任务。

（2）洗衣房室内卫生清扫按人分工，划定责任区，每日上班前、下班后各清扫一次。

（3）洗衣房设备保持洁净，熨烫设备每天擦拭及保养，室内每周消毒一次，下班前所有机器设备要擦洗干净。

（4）洗衣房工作人员要熟练掌握洗衣房内各种设备的技术操作规程、安全操作规程等相关规定。

（5）洗衣房内设备、物品实行定置管理，现场卫生严格按照酒店管理达标标准执行，做到物品摆放有序，卫生清洁无死角。

（6）处罚规定。

①未经洗衣房工作人员同意，私自进入洗衣房给予 20 元 / 次的处罚。

②乱拿别人工作服的，发现一次给予责任人 50 元的处罚。

③洗衣房因工作失误造成工作服领取不及时，给予责任人 30 元 / 次的处罚。

④洗衣房台账记录不明确，导致工作服丢失，给予责任人 100 元 / 次的处罚。

⑤洗衣房工作人员如未按分类清洗规定执行，给予责任人 20 元 / 次的处罚。

第六章　客房清洁管理

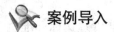 案例导入

蟑螂是如何进入酒店的？

　　酒店由于客流量比较大，客人每天进进出出，蟑螂很有可能会跟随客人携带的行李箱进入酒店。此外客人在房间里饮食，留下的食物残渣，以及客房内的各种缝隙都给蟑螂的栖息创造了条件，另外酒店多数是有地毯的，食物残渣掉落在上面更不易打扫，这样蟑螂出现的可能性就大大增加，蟑螂繁殖快，如果不及时采取灭蟑措施，蟑螂就越来越多。若酒店客房里出现蟑螂，不仅影响客人休息，而且也严重损害了酒店在客人心目中的形象。对于酒店餐饮类行业来说，小小的一只蟑螂就是对品牌的一个巨大打击。

　　就管辖面积来说，客房部是酒店管辖面积最大的部门，客房部的清洁服务技术人员为酒店各个部门提供清洁技术服务，因此，客房部门清洁管理势必影响整个酒店的运转。

　　现代酒店客房清洁管理已与往昔不同。在清洁服务过程中，清洁器具发挥着高效清洁的作用，在降低清洁人力成本的同时也提高了工作效率和清洁度，在清洁服务中扮演着重要的角色。在清洁服务过程中，清洁器具成为日常清扫工作必备的器具。因客人需求日益提升，客房产品种类也琳琅满目，对应的清洁器具种类亦是多种多样，其在结构、性能、用途和维护保养上也各不相同。所以，对智能设备的规范操作，意味着我们对客房清洁员工将有更高层级的培训与管理要求。

第一节　客房产品及消耗品的控制与分析

　　客房产品及消耗品是客房等级的体现。在产品配备上应符合环保的要求并与酒店等

级相吻合。客房产品的折旧与消耗品的控制将直接影响酒店利润。因此，有必要对酒店客房产品及易耗品进行控制和分析。

一、客房用品对客人的影响

客房用品是酒店的经营管理重点区域，酒店需要对客房消耗品进行有效的管理。

客房消耗品的数量和质量直接影响服务质量与顾客的满意度、成本控制与环境保护，科学合理地配置和保质保量地采购是有效管理客房消耗品的关键点。

（一）客房用品的积极影响

（1）酒店客房消耗品的安全性。酒店客房采购的用品渠道正规，质量有保证，才能使客人使用安全、放心。

（2）酒店客房消耗品的便利性。酒店客房消耗品让客人感觉到快捷、方便，在酒店住宿的客人普遍认为酒店的客房消耗品应该是必备的，如梳子、浴液等的配置使客人感到便捷，如卫生间的六小件——牙刷、牙膏、梳子、拖鞋、洗浴用品及剃刀。

（二）客房用品的消极影响

（1）一次性用品的浪费。一次性用品的提供确实方便客人，但是这些用品在客人短期住店期间难以使用完毕，残留的用品积少成多易造成一定的浪费。

（2）环境的破坏和污染。一次性纸巾等的造纸企业对生态环境的污染和治理环境污染的代价是非常巨大的。

（3）威胁人体的健康。如洗发水、沐浴液质量不好，人体会产生过敏反应；酒店剃刀质量不好，可能会将客人的脸刮伤；拖鞋若不防滑，客人容易摔倒在卫生间里。

（4）其他影响。客人不认同客房消耗品的档次与质量。大部分中高档商务客人对客房消耗品的品质要求很高，在控制总成本情况下应尽可能提高客房消耗品的档次与质量。

针对以上消极影响，提供解决方案如下：

①拖鞋：可更改为毛巾厚底防滑拖鞋；

②洗发水、沐浴露：可将硬瓶装更改为磨砂软瓶包装；

③牙膏：可将 3 克更改为 6~10 克，并要求为名牌产品；

④包装：可将硬纸盒、塑料类包装更改为环保型包装；

⑤其他：可适当增加小块洗衣皂、润肤露，方便旅客洗袜子内衣、预防皮肤干燥。

二、消耗品的管理

（一）消耗品的流失及控制

（1）酒店员工的行为带来的物品流失。客房用品的日常管理是控制客房消耗品最关键的一环。

（2）消费者的行为带来的物品流失。在客房员每天清理的垃圾袋中可以看到很多消耗品只用少许就被扔掉了，流失现象非常严重。

（3）建立客用品领班／主管责任制。客房消耗品的使用基本上是在楼层上，对使用的好坏和定额标准的掌握，都是由楼层领班／主管来控制的，每个楼层都应该配有专人负责客房消耗品的领用、保管、发放、汇总以及分析。

（4）控制日常客用品消耗量。

解决方案如下：①在管理制度上；②在创造条件上。

创造不需要使用一次性用品的条件，有的酒店开始采用在淋浴间加装皂液器，逐步取消了小瓶装洗发液和沐浴液。

（二）消耗品的领用和发放

为了更好地控制客房消耗品，还要更好地控制消耗品的领用和发放，客房部应该建立二级库制度，并配有专管员。

1.消耗品的领用

二级库仓管应该根据客房日用品的消耗发放情况和其他库最高库存量，定期（一般为一个月）填写日用品申购单和申领表，经主管或经理批准，从采购部或总仓领取物品。

因为一次性消耗品每天都需要补充，为了不影响楼层的使用，一次性消耗品的发放应该根据楼层工作间或小库房的配备量、楼层的消耗量明确规定一个周期和时间。很多酒店没有单独的小库房，因此所有的日用品就放在工作间，用物品架隔开，如一周或三天一领；有些酒店工作间太小，就规定每天领，以便于统计。在发放之前，楼层服务员应将本楼层工作间的消耗品现存情况统计出来，按楼层工作间规定配备的标准填写好客房消耗品申领表，报主管批准；有些酒店干脆就由主管直接填写，然后凭这份申领单到二级库领取，或者由二级库仓管直接发放到各楼层。服务员按楼层配备标准配备消耗品要将每天消耗的具体数量做出统计，记录在客记报告上，然后主管应该根据服务员的统计报告汇总出每间房的消耗量，由客房中心专人做出统计。

财务部有每种消耗品的单价，作为客房的管理人员，必须了解各种物品的价格，才能进行有效的成本控制。客房中心把所有楼层统计数据拿到后也要进行每天统计，这份报告可以让酒店管理人员清楚地了解到客用品每天的费用、每个月的费用，每月清洁房数及每种物品当月和每间房平均用量。

2.消耗品的发放

（1）因地制宜，因势利导。客房消耗品是每天按客房物品配备标准进行配备的。

（2）未雨绸缪，有备无患。确定配备标准是进行客房日用品管理的基础，客房管理人员应该制定客房、工作车、楼层工作间以及房务中心二级库的配备标准，而且必须量化标准。客房配备标准只需参照我国涉外旅游酒店星级评定的相关标准，工作车的配备一般情况下以一个班次的耗用量为标准。

（三）控制并量化消耗品配备数量

一次性消耗品定额的制定方法，是以单间客房配备为基础，确定每天需要量，然后根据预测的年平均出租率来制定年度消耗定额，其计算公式为 $A=B \times x \times f \times 365$（天），其中，$A$ 为单项消耗品年度消耗定额，B 为单间客房（以标准间为准）每天配备数量，x 为客房数，f 为预测的年平均出租率。

例如，一个楼层有 20 间房，按这 20 间房全部出租，以洗发水和沐浴液为例，洗发水在全部出租的情况下只能用 60%，沐浴液只能用 70%，一个服务员打扫 15 间房。

洗发水		沐浴液	
15 间房应配备	15 间房实际配备	15 间房应配备	15 间房实际配备
2×15=30	2×15×60%=18	2×15=30	2×15×70%=21

如一间房应该配备 2 瓶洗发水，按 60% 的使用量，那每个服务员的工作车上就只需要配备 18 瓶；按沐浴液 70% 的使用量，那工作车就需要配 21 瓶。楼层工作间或小库房应该配备三天到一周的储存量。

一层楼（20 间房）的洗发水消耗分析报表如下：

消耗品的分析报表

洗发水			
每间房配备	实际配备	三天配备量	一周配备量
20×2=40	20×2×60%=24	24×3=72	24×7=168
		配备整数：80 瓶	200 瓶

根据每天消耗量汇总表制定出月度耗量汇总表，结合住客率和上月情况，制作每月客用品消耗对照表，根据控制前后对照，确定每间房每天平均消耗额。

另外，对客房消耗品除了每天统计外，还要定期分析，最好一个月分析一次。

（四）酒店员工的分工统计任务

服务员每天按规定数量和品种为客房填补日用品，并在工作报表上做好记录。办公室文员负责楼层消耗品的管理，每天汇总各个楼层消耗品的数量并向客房部经理汇报。

1. 制订每月消耗量汇总表

每日楼层消耗品汇总

日期： 年 月 日

项目	洗发水	沐浴液	牙具
8层			
9层			
10层			

2. 制订月度耗量汇总表

客房部要根据每天统计资料，汇总每月楼层消耗用量，并以此汇总来分析客房消耗品的消耗情况。

一般采用对比分析法和动态分析法两个方法进行分析。

（1）对比分析法。采用对比分析法，就是和原先制定的消耗标准对比，用月度实际消耗量与指定的消耗对比，找出差别产生的原因。

楼层消耗品月度用量汇总分析

月份 年 月

楼层	出租房数	香皂		沐浴液		拖鞋	
		总耗量	平均间量	总耗量	平均间量	总耗量	平均间量
9层							
10层							

（2）动态分析法。动态对比分析要根据出租房数和总消耗量或金额，计算出平均消耗量或平均消耗金额，然后与上月同类指标对比，计算增减量和增减幅度，说明主要客房消耗品的动态变化，并分析变化原因。以此类推，也可以做季度、年度对比分析。

每月客房消耗品分析对照

品名	单位	单价	上月消耗	金额	本月消耗	金额	与上月相比增 % 或减 %
牙刷							
梳子							
上月出租率	本月出租率	与上月相比增 % 或减 %	上月每间房消耗率	本月每间房消耗率			
备注							

（五）消耗品的使用及采购

根据使用量来预测采购数量，每个月酒店人员应该对客房消耗品进行一次盘点，从盘点中可以了解到很多的信息。

公式：一个月共有消耗品量 = 上月剩余的消耗品 + 从仓库领取的消耗品

消耗品使用量 = 共有消耗品量 − 现有量

每间房使用量 = 消耗品使用量 / 出租房晚数

下月需求量 = 每间房使用量 × 预测房晚数

储存量 = 下月需求量 ×2

补充量 = 采购量 − 领取量

多次性消耗品计算公式为 $A = B \times x \times f \times r$，其中，$A$ 为单项棉织品年度消耗定额，B 为客房单间配套数，x 为客房数，f 为预测的年平均出租率，r 为单项棉织品年度损耗率。

第二节　清洁器具的管理

一、清洁器具管理的意义与特点

（一）清洁器具管理的意义

（1）重视器具前期管理，提高设备维修性能。

（2）搞好器具润滑管理，提高设备使用寿命。

（3）切实履行器具维修保养制度，搞好设备保养工作。

（4）搞好器具点检工作，消除设备事故隐患。

（二）清洁器具管理的特点

1. 全员性

执行全员参与管理的奖惩制度，实行以人为中心的器具管理。

2. 随机性

器具的故障具有随机性，其维修及管理也同样会受到影响。

3. 综合性

器具包含专业技术知识，并对器具生命周期产生影响。

4. 技术型

采用器具提高生产的手段，器具是物化了的科学技术，是现代科技的物质载体。

二、清洁器具管理制度

（一）建立清洁器具领用制度

（1）清洁用品由专人负责领出库，由清洁主管负责分发并填写明细表。

（2）设备原则上谁使用，谁保管，谁负责。

（3）领用设备必须填写《领用登记表》。

（4）领用设备时，领用人自行检查设备的完好程序，因检查不细，造成病机出库而影响工作的，由领用人自行负责。

（5）使用设备时如发生故障，不得强行继续操作。

（6）因使用不当发生机具、附件损坏者，按规定赔偿。

（7）归还设备时，必须保证设备完好无损，内外干净，如有损坏应及时报修，并在领用簿上注明损坏情况。

（二）实行库房专人管理

（1）新器具的管理。新器具须先验收、登记入库，如实上报酒店设备管理部门。

（2）器具维修、保养管理。定期维修、保养，登记器具最新状态。

（3）器具存储管理。须按照设备存储要求，防雨雪、防晒、防潮等，不得发生器具损坏、遗失、生锈等现象。

（4）器具盘点。每月盘点，上报酒店设备管理部门。

（5）库房卫生管理。库房必须保证清洁、道路畅通、通风良好、器具洁净。定期对设备上的各类机械部件及轮毂转轴部分涂抹润滑油，防止生锈。

三、清洁设备的采购管理

酒店清洁设备的采购是为了选择一款经济适用的清洁设备能让酒店更洁净，让客户满意，从而给酒店带来利益，这才是最终的目的，所以选择清洁设备不能只看价格，更要看重的是产品的品质和实用性。

应选择耐用、机械性能好、节能状况良好、人性化设计和维修简便、性价比高的清洁设备，利用具有成本效益的各种折扣。供应商在推销产品时，会适时推出优惠价及各种折扣。在大多数情况下，有经验的采购经理往往会不局限于某一种品牌而放弃利用折扣的机会。在特定的情形下，如果酒店此前并没有与供应商签订此类产品的供货合同，性价比高的折扣产品将会被优先选择，前提是确保维持产品的质量和稳定性。

如部门欲更新替换旧有设备或旧有物品，应先填写一份"物品报损报告"给财务部及董事会审批。经审批后，将一份"物品报损报告"和采购申请单一并送交采购部，采购部须在采购申请单内注明以下资料：

（1）货品名称，规格。

（2）最近一次订货单价。

（3）最近一次订货数量。

（4）提供本次订货数量建议。

采购部在至少三家供应商中比较价格品质，并按酒店采购审批程序办理有关审批手续，经董事会批准后，组织采购。

酒店清洁工具的采购流程如下：

1. 采购申请

（1）部门根据营业情况需要在部门、库房没有该项目或该项目不足的情况下可以申购；库房在库存定额不足的情况下要根据物资定额提出申购。申购前部门和库房必须认真检查部门及库房该项目库存量及消耗量。

（2）库房储备以外的项目由各使用部门提出申购。申购之前必须查询库房是否有该项目的储备或替代品。

2. 采购项目审批

经确认实属必要购买项目，必须由库房或使用部门填写申购单，经部门负责人、库管员、分管领导签字，经总经理审批后交采购统一办理。

3. 采购项目择商

采购员应按照采购项目进行采购，如果有疑问可直接与申购部门进行沟通。在确认无误后，应按照要求尽快安排采购。如该项物资由长期供应商供应，可直接联系供应商。如果没有长期供应商，应寻找至少三家供应商进行业务洽谈，经过对比、筛选，并报有关人员同意后进行采购。对于零星项目的采购，可安排采购员在市场上直接采购，但要做好采购监督工作。

4. 采购项目报价

对有特殊要求的或需要加工定做的采购项目，申购部门需要作详细的说明或提供样品，供应商报价时必须提供样品或有关资料，经部门负责人及有关领导同意后方可办理采购。

所有采购项目择商、报价必须由财务部在充分准备、掌握市场行情的条件下择优确定。使用部门有权了解所需商品的价格和提出质疑，财务部在择商报价中必须认真研究对待。使用部门必须在工作中主动与财务部沟通，对所掌握的供应商情况及购物意向要主动通报财务部，由其选定质优廉价服务好的供应商。

5. 采购项目购买

所有采购项目均需提交有效申购单由财务部安排采购员统一购买，其他部门一般不得自行购买。

6.采购项目验收

（1）无论是供应商还是采购购回的物品必须首先与库房联系，由库房根据申购表验收货物，不允许直接将货物交于使用部门。

（2）对于不符合采购申请表的采购，库房人员有权拒收。供应商或采购人员办理入库验收手续后，库管员应开立入库单，并将入库单客户联交采购员或供应商办理结算。

（3）库房在验货过程中对项目质量、规格等难以确认的情况下应主动请使用部门一起验收。

（4）在验收过程中库房或使用部门有权对不符合要求的物品提出退货要求，经确认实属不符的由采购人员或供应商办理退货。

（5）购买、收货和使用三个环节上的相关人员要相互监督、相互合作，共同做好工作。对于有争议的问题应各自向上级报告，协调解决。

7.采购项目结算

（1）采购人员零星的采购可以直接支付现金，但不得超过 1000 元。超过 1000 元的必须办理转账结算；必须办理现金结算的须经总经理同意。

（2）供应商结算的 2000 元以下可以办理现金结算，超过 2000 元的必须办理转账结算。

（3）办理结算时，必须按照报账程序填好报销单，经财务部审核、分管领导签字、总经理审批后方可交出纳办理结算。

第三节　客房部员工管理

一、酒店客房定员与管理

一般来说，客房部是酒店的其中一个大部门，管辖区域宽，工作量很大，人员配备多，因此，如何做好人员编制，先保证有人干活，再保证把活干好，是首先需要解决的问题。

（一）定员

1.岗位定员

主要针对管理人员来设定人员，即常说的因岗设人。不同的酒店，客房部的管理人员配置也不同。一般来说，常见的有经理、副经理（助理）、秘书（文员）等。

2.楼层定员

这主要是配备主管、领班的人数会考虑使用的办法之一。比如，领班人数，按 3 班倒来算，有的酒店根据全部客房所占有的楼层数来定，打个比方，客房共占了 12 层，计划是，早班 1 个领班管 4 个楼层，那么 12 个楼层就要 3 个早班领班；中班 1 个领班管 6 个楼层，那么就要 2 个中班领班；夜班 1 个领班管所有楼层，那么只要 1 个夜班领班；一天下来，需要 6 个领班。主管，只排行政班次的，假设 1 个主管管 6 个楼层，就要 2 个主管。这样，领班、主管共 8 个人。

3. 比例定员

就是按照 1 个主管管几个领班、1 个领班管几个员工的比例，来设定主管、领班的人数——比如：主管、领班 1∶3；领班、员工 1∶10（这里有个前提，就是必须先编排员工数量后，才能配领班人数，再来配主管人数）。1 个领班管 10 名员工，那么，在客房部已经编排员工 60 人的情况下，则领班需要 6 名；1 个主管管 3 名领班，则需要 2 名主管。合计，主管、领班需要 8 个人。

4. 统筹定员

即综合定员、效率定员等。这是常用于员工人数编排时最为复杂的方法，但是，也是必须参照的方法，这种方法的使用，考虑到了多种因素。这些因素有：客房总数量、楼层分布、每层房数、预定每人做房数、预定领班查房数、值班台设置、客房年均预计出租率、酒店实行工作制（每周几天、每天几小时）、国家法定假日天数、年假天数、病事假天数、淡旺季规律等，把这些因素弄清楚了，再来做员工编制，才有路可寻。

客房部是一个劳动密集、工种岗位多、工作环节多、分工细的部门。从工作角度看，客房部的业务运转，服务和管理工作的有效组织是酒店正常经营活动的重要保障；从人员来看，客房部是酒店各部门中所占员工数量比例较大的部门。因此，对于客房部来说，编制定员工作意义重大。要保证编制定员工作行之有效，必须注意定员标准的先进性和合理性。所谓先进性，就是定员标准必须符合精简、高效、节约的原则。所谓合理性，即定员标准必须保障客房部业务的正常运转，保障员工身心健康，并保持各类人员的合理比例和劳动定额的合理标准，避免劳逸不均，窝工浪费等现象。

（二）编制定员的依据

酒店确定定员编制的通常做法是根据酒店客房数量，如按照 1∶1.5 的比例，一家有 400 间客房规模的酒店确定酒店劳动编制定员为 600 人。其实，这种简单的计算方法，不能完全说明问题，影响定员水平的因素有许多方面。客房部在具体编制定员工作时，同样要考虑多种影响因素。

1. 规模与档次

客房部的编制定员与客房部的业务范围成正比关系。规模大、档次高的酒店，客房部业务分工更细，岗位更多，服务项目和服务标准上要求更高，因此，与小型酒店、低档酒店的编制定员有很大不同。

2. 管理模式与业务范围

客房服务一般有两种模式，即楼层服务台和客房服务中心。不同的服务模式在用人数量上存在很大的差异。楼层服务台岗位要求在每个楼层设置2~3班的值台服务人员，因此需要更多的定员编制。相反，客房服务中心人员编制就比较精简。此外，客房部管理方式也影响着定员编制的确定，如酒店将公共区域卫生地面和镜面的清洁维护外包给清洁公司，公共区域的人员编制相应就会减少。

3. 员工素质水平

工作效率的高低，与员工的素质有很大关系。客房部员工的年龄、性别、文化程度，以及工作态度、思想素质和专业水平等的差异都将影响工作定额的确定。了解和预测客房员工未来可能达到的整体水平，是制定工作量的重要标准。

4. 工作设施环境

工作环境包括酒店的外部环境，包括当地气候、空气质量、周围环境等；酒店内部环境，包括酒店设计、布局、流线，装饰风格，以至接待客人的生活习惯和消费文明程度等。如一家酒店重新改造后，客房面积比原来增加许多，房间内增添了多项设备，装修材料上大量采用玻璃、镜子。这些硬件上的变化需要客房卫生操作的要求和工作的时间定额相应进行调整，从而也会影响到客房部的编制定员。

5. 劳动工具

现代化的工作器具是质量和效率的保证。劳动手段越是现代化，工作定额就越高，用人就越少；反之，工作定额就应降低。

6. 工作量大小

酒店客房部工作量一般分三个部分：一是固定工作量，即指只要酒店开业就会存在，而且必须按时去完成的日常例行工作任务，如客房部的日常管理工作、房务中心、布草房、公共区域卫生、日常清洁保养工作等；二是变动工作量，是指随着酒店业务量等因素的改变而变化的工作量，主要表现在随客房出租率的变化而改变的那部分工作量，如客房的日常清扫整理、对客服务、洗衣服务等；三是间断性工作量，通常是指那些时间性、周期性较强，只需要定期或定时完成的非日常性工作量，如每周楼层申领补充客用品，定期对所有棉织品进行盘点，定期或根据需要对酒店外墙、外窗、地毯进行清洗，地面或家具打蜡等。

（三）编制定员的方法

客房部在一定时期内需要配置的劳动力资源总数，取决于生产、服务、管理等方面的工作量与各类人员的劳动效率。由于客房部人员差异性、工作性质的差异性，无法用统一的计量单位综合反映他们的工作量和劳动效率。因此，必须根据不同的工作性质，采用不同的计算方法，分别确定各类人员。

常用方法有以下几种。

1. 历史分析法

是通过考察部门在位人员数量、质量、业务量、工作量等历史数据的关系，同时，制定者根据以往经验进行分析，来确定编制定员的方法。

2. 现场观察法

也称实况分析法，即借助实地访谈、跟踪，通过现场观察、写实分析来确定部门编制定员的方法。

3. 劳动效率定员法

劳动效率定员法是一种根据工作量、劳动效率、出勤率来计算定员的方法。主要适用于实行劳动定额管理、以手工操作为主的工种。其计算公式为：

$$定员人数 = \frac{客房总数 \times 年平均出租率}{员工劳动定额 \times 员工年平均出勤天数 \div 365}$$

例：某五星级酒店拥有客房 500 间（套），年平均出租率为 80%。客房服务员分早、中两个班次，早班每个客房清扫员每天的劳动定额为 12 间，晚班的 48 间，员工出勤率一般为 95%。该酒店实行每周 5 天工作制，除固定休息日外（52 周，每周 2 天），还享受每年 7 天的带薪假期（十天的法定休假日正常排班，根据劳动法进行加班补偿）。客房部应该如何确定客房服务员的定员人数？

客房总数 × 年平均出租率

客房服务员劳动定额 × 客房服务员平均年出勤天数 /365

其中：客房服务员平均年出勤天数 = ［365－（52×2）－7］×95%=241（天）

早班客房服务员定员人数 =（500×80%）÷（12×241÷365）=51（人）

晚班客房服务员定员人数 =（500×80%）÷（48×241÷365）=13（人）

4. 岗位定员法

岗位定员法就是根据组织机构、服务设施等因素，确定需要人员工作的岗位数量，再根据岗位职责及业务特点，考虑各岗位的工作量、工作班次和出勤率的因素来确定人员的方法。这种定编方法一般适用于酒店前厅部门、工程部和客房部的一些工作岗位，如门卫、行李员、值班电工、锅炉工、房务中心文员、布草收发员等。

5. 比例定员法

按比例定员是指根据酒店的档次、规模按一定比例确定人员总量；同时，以某一类人员在全员总数的比例和数量，来计算另一类人员数量的方法。这一方法是依据客房部某类人员与酒店之间，或不同岗位人员之间客观上存在规律性的比例关系的规律决定的。如客房人员约占酒店总人数的 30%，楼层客房服务员与楼层客房领班的比例约 1∶6

等。当然，这种比例关系在确定编制时只是一个相对的依据，因为每个酒店的实际情况不同，服务标准和管理目标也不同。

6. 职责定员法

按职责定员是指按既定的组织机构及其职责范围，以及机构内部的业务分工作岗位职责来确定人员的方法。它主要适用于确定管理人员的数量。

7. 设施设备定员法

按设施设备定员是指按设施设备的数量，以及设备开动的班次和员工的看管定额来计算定员人数的方法。客房卫生服务员定员的最主要依据就是根据客房设施的数量和状况，一般高星级酒店客房服务人员与客房数的比例约为1:5。酒店锅炉房、总机房和客房部的洗衣房等部门的岗位定员常根据设备的数量和设备条件作为定员的依据。

（四）劳动定额的制定

劳动定额是指在一定的生产技术和组织条件下，为生产一定数量的产品或完成一定量的工作所规定的劳动消耗量的标准。劳动定额是现代酒店劳动生产的客观要求。酒店员工一般只从事某一工序的工作，这种分工是以协作为条件的，怎样使这种分工在空间和时间上紧密地协调起来，这就必须以工序为对象，规定在一定的时间内应该提供一定数量的产品，或者规定生产一定产品所消耗的时间。否则，生产的节奏性就会遭到破坏，造成生产过程的混乱。对于酒店客房部是否能科学合理地制定劳动定额，影响着客房部劳动生产的有效组织与管理，影响着员工的劳动生产率。

1. 劳动定额的表现形式

劳动定额的基本表现形式有两种：①时间定额：生产单位产品消耗的时间，如完成一间走客房的常规清洁工作需要40分钟；②产量定额或工作量定额：单位时间内应当完成的合格产品的数量，如一个楼层领班一天（白班）需要对60间客房的清洁卫生质量进行检查。另外，还有一种看管定额，指一个人或一组工人同时看管几台机器设备。客房部采用什么形式的劳动定额，要根据不同的工作类型和工作特点、工作组织的需要而定。

2. 制定劳动定额的方法

（1）经验统计法。经验统计法包括两层含义：一是以本酒店历史上实际达到的指标为基础，结合现有的设备条件、经营管理水平、员工的思想及业务状况、所需要达到的工作标准等，预测工作效率可能提高的幅度，经过综合分析而制定定额；二是参照其他操作，所制定的定额能够反映员工的实际工作效率，比较适合酒店工作的特点，但这种方法不够细致，定额水平有时会偏向平均化。

（2）技术测定法。就是通过分析员工的操作技术，在挖掘潜力的基础上，对各部分工作所消耗的时间进行测定、计算、综合分析，从而制定定额。这种方法包括工作写实、测试、分析和计算分析等多个环节，操作比较复杂，但较为科学。需要注意的是，抽测的对象必须能够客观、真实地反映多数员工的实际水平，测试的手段和方法必须比较先进、科学。

案例：

第一步根据部门工作目标，确定清洁一间客房所需要的时间，比如 27 分钟。

第二步测定全部工作时间，8×60 分钟 =480 分钟。

第三步测定清洁客房可用时间：

全部时间 480 分钟，

减去：

班前准备 20 分钟，

上午休息 15 分钟，

下午休息 15 分钟，

班后准备 20 分钟，

得到：

客房清洁时间 410 分钟。

第四步的结果除以第一步的结果，得出生产率的标准。

即：410 分钟 /27 分钟 = 每 8 小时的班次清洁 15.2 间客房。

二、客房部员工岗位职责及工作流程

（一）岗位职责

1. 主管岗位职责

通过对下属的督导、培训及安排，和对清洁用品的合理使用来达到服务水准；通过对植物的培育和布置的管理，给宾客提供一个赏心悦目的环境。具体职责有：

（1）检查各区域领班是否督导下属员工工作，达到应有的清洁保养效果。

（2）巡查各区域花草树木及绿化设施，负责制定绿化养护工作计划，掌握计划的执行的情况，确保工作质量和进度，保证绿化系统的良好运作。

（3）督导各区域领班的管理工作，制定各项清洁设备的管理使用和保养计划，定时检查客用品的使用控制情况。

（4）制订和编排区域大清洁工作计划、防疫（杀虫）工作计划和人力安排计划。

（5）负责员工的业务培训和纪律教育，确保员工的言谈举止、服务质量符合酒店的标准。

（6）负责员工的排班、考勤和休假审核，根据客情需要及员工特点安排日常工作，调查日常工作发生的问题，做好重大节日、重要会议、宴会和贵宾到访之前的布置检查工作，做好与各有关部门的沟通和协调工作。

（7）完成上级布置的其他工作。

2. 领班岗位职责

通过对服务员的督导、培训和物品的安排使用，达到酒店服务水准，具体职责有：

（1）每日班前看交接簿及留意当日主管提示。

（2）检查员工签到记录，合理安排下属员工工作。

（3）检查所辖范围的清洁保养效果。

（4）随时检查员工的工作情况，检查清洁用品及器具等，并及时进行调整，发现异常情况及时汇报。

（5）指导及评估下属的工作质量。

（6）负责员工的业务培训，提高他们的清洁保养技术。

（7）完成上级布置的其他任务。

3. 员工岗位职责

通过区域清洁、保养工作，为宾客提供舒适、干净、方便的生活环境，具体职责有：

（1）根据领班的工作安排，清洁保养所属区域。

（2）检查责任区域各种设备设施和家具的完好情况，及时报告和报修。

（3）做好清洁机械的保养和清洁用品的保管和使用，整理好库房。

（二）楼层早中晚班工作流程

1. 早班服务员

（1）每天负责清洁安排的客房，使其达到酒店的标准。

（2）将用完的餐具餐车收出放到工作间，不能放在走廊上，并及时通知送餐部。给客人提供擦鞋服务。

（3）检查并补充酒水。

（4）收取洗衣，检查洗衣单上房号是否正确。

（5）发送报纸和杂志到房间。

（6）当客人要求加额外用品时要及时送给客人，并负责收回。例如，加床、插座、吹风机等。

（7）清洁服务区域，如员工厕所、工作间、防火门、楼道等。

（8）及时向领班报告特殊情况，如报告工程维修单、换灯泡、发现房间内有贵重物品（金器、钱、首饰等）、未做的"DND"房间、遗留物品的上交及汇报。

（9）补充工作车的物品，保持工作车的清洁，并按照标准摆放。

（10）填写好"每日工作报告表"。

（11）保养好所使用的机器设备，如吸尘机。

（12）负责保管楼层总钥匙，并在下班时交给办公室。

（13）向领班及时报告房间状态。

（14）向领班报告没有清洁的房间并说明原因。

（15）服从领班的工作安排。

（16）及时报告在楼层发生的其他情况或可疑人物。

（17）把当天所有的事登记在交班本上，经领班签字方可下班。

2. 中班服务员

（1）当早班人手不够时，应协助早班工作人员做其他工作，如清洁楼层公共区域、走廊、灯罩、门牌及房间的特别清洁等，且须在规定时间内完成。

（2）负责开床服务。

（3）完成所有指定的工作及清洁退房。

（4）必要时更换和补充浴室用品毛巾。

（5）对客人提出的要求应尽量满足。

（6）负责对客人配加床、桌椅等。

（7）记录没有开床的房间并说明原因。

（8）每天负责清洁公共区域，如公共洗手间、走道吸尘、消防门。

（9）把洗干净的客衣送到客房。

（10）清洁并补充工作车（下班前做好）。

（11）在下班前保持所使用的机器设备完好，如吸尘器等。

（12）完成好领班安排的其他工作。

（13）保管好楼层总钥匙，注意下班时交回到办公室。

（14）经领班同意后方可下班。

3. 晚班服务员

（1）继续中班未完成的工作。

（2）给客人提供服务。

（3）定时巡楼，发现问题及时报告（通知当班经理）。

（4）必要时清洁退房。

（5）随时应付突发事件（注意防火防盗）。

（6）对走道、房间地毯脏的进行不定期清洗。

（7）每天要做好详细交班。

（8）对前台的通知，要迅速办理，并向前台回复。

（9）保管好楼层总钥匙或其他领用的钥匙，下班时注意交回办公室。

（10）在下班前必须保持所使用的机器设备完好，干净（例如，吸尘机、洗地毯机等）。

（11）完成上级安排的其他工作。

（12）经领班同意后，方可下班。

三、清洁员工培训

（一）清洁员工培训的意义

培训是指企业通过各种方式使员工具备能完成现在或者将来工作所需要的知识、技能，改变他们的工作态度，以改善员工的工作绩效，并最终实现整体绩效提升的一种计划性和连续性的活动。培训无论对酒店企业还是个人的生存与发展都有着不可忽视的意义。

1. 提高员工素质

通过培训可以提高员工的行为能力和综合素质，从而提高了工作质量和工作效率，减少工作中的失误，降低成本，提高客户满意度；培训使员工更高层次地理解和掌握所从事的工作，增强工作信心。培训也提高了管理人员的管理决策水平。

2. 改善服务质量

服务质量是酒店经营与发展的生命。全面而持续的培训则是服务质量的必要保障。培训意味着员工不断学习新知识，掌握新技术和先进正确的工作方法，改变错误的或落后的工作方法，不断地了解满足顾客需要的变化发展。培训不仅加强了服务规范，建立在改进质量问题基础上的培训更推动了酒店服务水平和管理水平的提升。

3. 减低损耗和劳动成本

培训有效地减低损耗和劳动成本，使酒店在市场经营中保持优势。有关专家研究结果表现，培训可以减少 73% 左右的浪费。例如，在以创建绿色酒店为主题的培训中，员工掌握了更为科学、合理、高效、节能和安全的操作方法，节约能源、减少损耗的环保意识加强，使酒店的经营成本降低。同时，经过培训，员工的操作技能、工作效率得到提高，使劳动成本降低。

4. 开发员工潜能、创造发展机会

现代酒店将培训与开发联系在一起。培训不仅定位于为了改善个体目前的工作技能，实现企业的短期目标，更着眼于企业与个体的长期目标。一方面，不断地经过培训—工作—再培训—再工作的系统而持续的学习过程，使员工具有担任现职工作所需的学识技能，以保证出色地完成本职工作；另一方面，通过培训，也使员工具备了将来担任更重要职务所需的学识技能，为以后的晋升和个人发展创造了条件。

5. 提高员工忠诚度

酒店的培训与开发体系不仅有助于提高员工的能力，创造新的发展机会，也促使员工在学习中不断感受到自己的成长对企业发展的重要性，更自觉地理解和认清酒店在各

个阶段的管理目标，不断调整自己去满足企业的需要。从而增强了员工对企业的使命感、忠诚度和工作满意感，这也是酒店获得的来自员工的良好回报。

（二）清洁员工培训的特点

同样是学习过程，但培训与学校教育的目的、对象、形式和内容上都有所区别，有着其特殊性。而酒店企业的培训与其他行业相比，由于行业特点、产品特性、工作环境与工作要求的不同，也明显存在着不同。

1. 成人性

所谓成人性，是指成人无论生活和心理特征，较之其他教育对象，尤其是在校学生有很大的不同。培训只有从员工的实际特点和优势出发，遵循成人学习的规律才能收到良好的学习效果。

2. 在职性

所谓在职性，是指培训的对象是有工作的、受多种因素影响和制约的在职职工。这就有别于一般意义上的普通教育。普通教育对象没有工作压力，没有家庭负担，基本任务就是学习。而职工教育的对象是以工作和劳动为主，学习必须服从于工作和劳动。这就给职工教育提出了不同的要求。

3. 多样性

客房部工作特点决定了对于不同的培训对象、不同的工作内容，分为不同层次和采用不同的方法进行培训。多样化的培训方式也符合在职性、成人性的特点和要求，能调动培训对象的参与性，发挥他们的积极性、自主性和创造性，也能使学习成为一种愉快的经历。

客房培训的多样性体现在三个方面：一是培训层次的多样性，即对不同需要、不同水平、不同职位的员工设置不同的培训课程，采用不同的培训手段，安排不同的学习内容；二是培训类型的多样性，即客房培训可以包括常规业务培训、提高培训、回炉培训、交叉培训及专题培训，等等；三是培训形式的多样性，培训期限上可长可短；培训方式上可采取脱产或在职培训；培训方法可以是一般的理论讲授，也可采取讨论、示范、案例分析、实际操作、管理游戏、外出考察等。对培训的组织实施，既可通过内部培训也可采取委托其他培训机构的外部培训。

4. 速成性

酒店经营可能会有淡、平、旺季，这是由酒店产品及客源市场的特点所决定的。酒店接待工作的季节性特点也导致了客房员工培训的速成性特点。即在既定的时间内强化培训内容，或充分利用工作间隔期、经营淡季开展培训，强调时效性。

5. 持续性

客房部的常规培训是一个长期的、持续的过程。这是因为一方面，客房服务环节、服务内容和服务标准繁多，一个细节上的错误就会影响服务质量，造成宾客的满意度下降，这就需要通过培训不断地通过强化服务规范，找出问题、纠正差错，改进服务。另一方面，随着社会的发展，客房服务产品及服务功能必须不断地调整，以顺应市场的发展变化，满足宾客越来越高的需求，这也意味着酒店服务质量的提高是无止境的。

6. 实用性

酒店培训工作的实用性强。员工参加培训学习的目的是获得知识，提高技能，学到先进的工作方法。因此，学以致用是酒店员工培训的出发点，培训过程与培训内容要与实际工作相互渗透、有机结合，使员工通过培训，确实能将其所获得的知识转化为现实生产力，使其工作更加出色。如果培训与实际工作脱节，被培训者学而无用，既给酒店造成人力、物力、财力的浪费，也失去了培训的意义。

第四节　客房防疫与虫害的安全管理

我们都知道，有害生物给宾馆酒店业带来的影响不可忽视，甚至有的有害生物的侵扰已经危害到了酒店客人的人身安全，也因此给酒店品牌及日常营运带来了难以估算的冲击及损失。

一、宾馆酒店出现虫害的危害

（1）因鼠虫害问题入侵营业区域，惊吓客人或造成客人物品被损坏，最终导致客户要求赔偿，给酒店品牌及日常营运带来了直接的冲击及损失。

（2）鼠虫害入侵酒店食品操作区域——厨房，给酒店食品安全带来风险。

（3）鼠类破坏酒店电路系统，引起停电事故，给日常营运带来影响，根据环境不同甚至存在引发火灾的风险。

（4）鼠虫害携带危险微生物，可传播鼠疫、痢疾、登革热等疾病，给酒店工作人员及客户带来人身安全风险。

（5）鼠虫害入侵室内，破坏酒店物品及设施，造成直接经济损失。

二、虫害进入宾馆酒店的途径

（1）主动入侵：外围鼠虫害当外围温度及天气发生变化时（如温度忽高忽低、大风及雨天等）或虫害的生理需求（寻找食物及栖息场所），都会通过不同的通道向室内扩散（如门、窗、孔洞等）入侵酒店区域，并进行繁殖生存。

（2）被动入侵：周转品及食材携带进入宾馆酒店过程中虫害被动携带入侵。

（3）室内滋生：食品垃圾未能日产日清，吸引或在室内滋生了部分虫害。

三、虫鼠害防治措施

（一）老鼠防治方案

1. 门店建筑防鼠设计

（1）顶部。顶部无全吊顶时，天花板以上隔墙用砖及水泥建立隔墙。

（2）墙。天花与隔墙之间，墙面与地板之间，得进行完全密封处理。

（3）门。门与墙、门与地面之间的缝隙不超过 0.6 厘米。铁栅门增设可以挡鼠的铁丝网，网眼不超过 1 厘米 ×1 厘米。直通户外的门上安装自动关闭器。

（4）地板。地板下楼板中打过洞的地方都得进行完全密封处理，利用隔音棉或铁丝网以及混凝土，将老鼠完全隔离在外。

（5）下水系统。采取双向阻隔方法：坑道内的下水道深井和地漏，分别配制密封性能好的盖板和地漏盖；坑道外的排水管口安装网眼 1.3 厘米 ×1.3 厘米的钢丝网罩，并定期检查，清理污物，以防堵塞。

（6）设备。电缆桥架都需要加盖，套管与墙体之间缝隙封堵严密、无缝隙和孔洞，可以堵死的地方用水泥封堵；对多个入口的电缆套管，预留但未使用的套管口增设铁丝网罩，有电缆通过的套管用铁丝网包扎，网眼不超过 1 厘米 ×1 厘米。各种排风管道通向室内外的末端口，要求末端口罩上活动型铁质防鼠网，孔眼不得大于 1.3 厘米 ×1.3 厘米。通风扩散室安装固定钢丝窗。

（7）电梯。电梯井是否采用瓷砖贴墙，地面是否混凝土平整处理。

（8）其他特殊部位。招牌与天花板、邻近单位招牌采取隔断处理。

2. 预防与检查

（1）营建新店时防治公司在装潢施工前进入进行检查。

（2）每月至少检查一次，包括机械类灭鼠设备，鼠害活动高峰期时还要增加次数。

3. 灭鼠标准

（1）营业期间，不得有任何老鼠活动痕迹（老鼠跑动、老鼠排泄物等）。

（2）非营业期间，无明显老鼠排泄物、鼠迹等活动痕迹。

（3）餐厅无鼠洞，无老鼠咬坏物品。

（二）蟑螂防治方案

1. 灭蟑螂设施及用品

可使用粘捕盒、诱捕瓶等物理方法。

2. 预防与检查

每月至少全面检查一次，包括消灭设备，必要时还要增加次数。

3. 灭蟑螂标准

（1）营业期间，不得有任何蟑螂活动及蟑迹。

（2）非营业期间，无死蟑螂、蟑螂粪便、蜕皮等蟑迹。

（三）苍蝇、蚊子、飞虫的防治方案

1. 灭虫设施及用品

（1）灭蝇灯安装在操作区进出口隐蔽处。

（2）灭虫设施放置不得存在安全隐患，不得影响食品安全。

2. 预防与检查

（1）对每个灭虫设备进行编号，并在餐厅平面图上对设备位置进行标注。

（2）灯管应防碎并每年进行更换。

（3）每月对灭虫设施进行清理和检查其是否正常工作，及时维修、更换有问题设施。

（4）所有灭虫设施要有标签，包括防治人签名、安放日期、检查日期。

（5）每月至少全面检查一次，包括消灭设备，必要时还要增加次数。

3. 灭蝇标准

（1）营业期间，不得有任何飞虫活动。

（2）非营业期间，无明显死飞虫和飞虫活动。

（四）白蚁防治方案

（1）建筑防白蚁设计要求。

①室内地坪药物处理：建筑室内地面平整完毕，在铺设混凝土垫层前，使用预防白蚁药剂全面处理土壤，使建筑物形成预防白蚁水平屏障。

②室内墙体药物处理：各楼层室内墙体砌筑完毕，墙体批荡或饰面之前，地下室，首层墙体距地面1米高度以内墙面全面喷洒预防白蚁药剂，全面处理土壤，一层以上墙体距楼面0.5米高度以内墙面全面喷洒预防白蚁药剂。

③各楼层门洞、管道井、伸缩缝喷洒预防白蚁药剂。

④建筑防蚁线处理：墙边土壤回填完毕，沿墙边地面约0.3米宽范围内灌淋预防白蚁药剂，建筑物形成防白蚁屏障。

（2）灭蚁药物的安全性要求。

灭蚁药物不得影响食品安全。

（3）除蚁害管理。

①为餐厅做书面蚁害防治计划。

②蚁害控制检查结果应定期评估并做趋势分析。

③对蚁害控制检查进行详细记录。建议制订必要的行动计划。

（4）除蚁害频率。

每年检查一次，必要时还要增加次数。

（5）白蚁防治标准。

①餐厅无白蚁。

②在建筑物易滋生白蚁的位置（如木门框、木地板及其他木家具）无白蚁活动痕迹。

（五）外请虫鼠害防治服务公司要求

虫鼠害防治服务应该由具有执照、上了保险、有许可证的消杀人员，或者是具有执照、上了保险、有许可证的防治公司来承担。酒店应保留所有证件的复印件。执照、保险、许可证必须在有效期内。

第七章　客房清洁技术的发展趋势

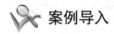案例导入

科技助力未来酒店客房清洁

随着消费者的需求变化，会展型酒店逐渐增多，地毯成为酒店最常见的地面材料，外观漂亮且质地柔软的地毯对提升酒店档次，提高展厅、客房房价产生一定的影响。然而，地毯清洁却是酒店的大事，地毯采购成本高且易脏污，在清洁方面需要下大功夫，而不当的清洁方式将直接影响地毯的美观与使用寿命，从而影响酒店盈利。而且地毯清洁时会有异味、清洁机器有噪音，在风干地毯时需要让行人避让，这些最终会影响酒店的收益。世界上著名的清洁设备公司——德国卡赫，其最新设备：专业的三合一地毯清洗机，集"喷""抽""梳"功能于一体，能快速清洁地毯，大约20分钟左右干燥，减少地毯二次污染的机会；40厘米的双刷在操作过程中对向旋转，深层清洁的同时，拉毛，进行地毯纤维的修护整理，该款设备适合300～1000平方米地毯的深层清洁。另外，该款地毯集清洁与保养于一体，配备浮动式滚刷，即使清洁不平地面，依然可以获得完美的清洁效果，既可前进也可后退式的操作方式，充分保证了操作的灵活性，超凡的设计，保证了操作机械性的最优化。

科技的创新将给酒店清洁带来新的春天，环保、便捷的清洁设备不仅能延长地毯寿命，而且能提升酒店形象，最终为酒店带来盈利。

智能化和自动化给酒店等服务行业带来了前所未有的变化，比如为顾客提供个性化服务，节约时间成本，保护隐私，降低人力成本，等等。在客房产品的日常维护与保养方面，客房产品的智能化势必影响清洁器具的更新，以及清洁员工的技术提升。酒店经营需要采购大量清洁器具，同时需要招聘、培训大量专业清洁技术人员，数量大且成本难以控制成为酒店经营的一大难题，而智能化和自动化的发展为这一难题的解决增加了无数可能。

第一节　未来客房产品的发展

一、加强绿色客房产品发展是未来客房发展必然趋势

在全球"绿色浪潮"的推动下，环境保护意识逐渐融入现代酒店的经营管理中。但是，一些酒店对环境保护的重要性认识不足，打着"绿色"的幌子，在"创绿"实践中片面理解"减量化"原则而曲解了绿色发展的含义，如一些中高档酒店对以环保为名节约开支，取消了一次性用品的提供，而从国外绿色酒店的经营实践来看，一些欧美酒店虽然取消了小瓶装的沐浴露和洗发水，但换之以可添加式的大罐装沐浴露和洗发水，即使牙刷、梳子之类小件减少使用，也完全是住客崇尚环保、讲究个人卫生的自觉行为。不可否认，建设绿色酒店是未来的发展趋势，在减少一次性用品方面，应该提倡，但不能搞"一刀切"。如果盲目取消，许多住客并不理解，可能会流失部分客源，因为毕竟客人对这些用品还有需求，处理不当还会引起投诉。

加强绿色客房产品发展，不仅仅在于减少易耗品，在产品的环保设计、清洁便利、可循环使用等方面面需要进行升级和改进。比如棉织品等经常清洗的布草产品，其清洁频率必然会影响使用寿命及报废后的循环利用。因此对于床上用品等布草材质的更新与选用也是未来绿色客房发展所要着重考虑的问题。客房产品在设计上应更加注重多元文化的融入，多使用环保材料，能循环使用的客房产品将是未来客房发展的必然趋势。

二、产品智能化、人性化，根据不同客源设计客房产品

酒店行业日趋激烈的竞争和不断攀升的客户期望，酒店装潢、客房数量、房间设施等质量竞争和价格竞争将退居二线，迫使业内人士不断寻求扩大酒店销售、改进服务质量、降低管理成本和提升客户满意度的新法宝，以增强酒店的核心竞争力。其中最有效的手段就是大规模应用先进的信息化技术。变革传统意义上的酒店业竞争方式和经营管理模式，进而赢得新的竞争优势。因此，酒店的竞争将主要在智慧化、个性化、信息化方面展开，智慧酒店悄然兴起。

高科技时代的来临，尤其是年轻一代的商务人士，对客房的设施设备都提出了更高的要求，驱使客房产品朝着智能化、人性化的方向发展。设计人性化、多样化的客房产品，未来客房应满足不同年龄、职业、爱好的客人，在客房产品设计方面下功夫才是应对未来客房发展的重要目标。

第二节　未来客房清洁技术的发展

一、高效环保无污染清洁剂

客房清洁是一个常谈常新的话题。客房是住客接触最亲密且接触时间最长的私密场所，也是决定住客对酒店整体印象的重要依据。客房的清洁状况会影响客人居住的体验。各种被曝光的客房清洁问题导致客人在选择酒店时总是小心翼翼。因此，客房清洁工作责任重大。

客房清洁产品和用具的使用在客房清洁工作中起着举足轻重的作用。其中，清洁剂的使用将直接影响环境和清洁物品的质量。清洁员工在做客房清洁服务工作时，使用合适的清洁剂不仅省时、省力，提高工作效率，而且对延长被清洁物使用寿命很有益处，但清洁剂和被清洁物都有较复杂的化学成分和性能，若清洁剂使用不当不仅达不到预期效果，相反会损伤被清洁物品。

客房产品的多样化使得对相配套的清洁剂要求更高。清洁剂的使用直接影响客房产品的使用寿命。尽可能多采用常规清洁与保养的方式以保持客房产品的崭新程度，少使用彻底清洁的方式减少其使用寿命。这对清洁剂的配比及清洁效果的要求使得清洁剂行业不得不重新研发与调整清洁产品，在清洁剂的使用对象与用途上做足研究实验，有针对性地为酒店客房产品提供专业、高效且环保的清洁剂。

二、智能化的清洁设备

琳琅满目的清洁剂在充斥人们眼球的同时，我们也发现各式各样的清洁设备开始进入我们的生活，为我们的健康保驾护航。未来高智能化设备将带来一场由人工到机械再到智能化的清洁蜕变之路。随着社会经济的发展和人们生活品质的提高，清洁健康被越来越多的人所重视。清洁，不再是低端劳动密集型产业的代表，它也逐步向高品质路线迈进。另外，在劳动力日趋紧张的自动化生产社会，高智能化清洗设备，其用途广、效率高、人机界面、替代人工职守等很多优点使其越来越被国内外所重视。智能清洁设备必将引发清洁行业进行本质性的转变。

从家用清洁除尘器、商用清洁设备、工业清洁设备，再到公共设施除尘设备，让我们领略清洁不简单的同时，也实实在在地感受到了清洁科技的魅力。

在清洁机械化大发展的同时，设计者并没有忽略清洁设备的使用者。不可否认，很多清洁一线人员的文化水平并不高，而先进清洁设备的发明是为了提高工作效率、提升清洁质量，因此高科技产品的研发应着力于操作的便利性，使其能够适用于各种文化层次的劳动者的劳作，真正实现便捷高效的清洁工作。

清洁理念的拓展延伸、创新技术的发展进步、从业人员素质的不断提升，都将为清洁行业的发展注入新的活力，清洁机械化、智能化的发展之路，将促使清洁行业向更广阔的未来发展，这也是清洁行业应当承担的责任。

21世纪，竞争全球化、信息即时化、科技大众化、市场细分化及顾客精明化，给饭店业在内的各行各业都带来了空前的机遇和巨大的挑战。未来酒店产品将向着高度集成化的方向发展。智能酒店客房产品一体化的过程将随着信息化社会的快速发展而展现出其更加绚丽的风采。

智慧酒店是一个不断丰富、发展的领域。酒店作为直接面对客人提供服务的场所，应充分考虑个人隐私、个性化的需求，并能让客人切身感受到高科技带来的舒适和便利。同时，应考虑将酒店物耗、能耗、人员成本降到最低，创造效益。希望绿色、环保的酒店清洁产品和清洁技术能够为酒店行业实现资源集约、降低经营成本、提高经济效益做出应有的贡献，从而促进经济、社会、生态和文化价值的综合提升，这是酒店业可持续发展的必由之路。

参考文献

一、著作类

[1] 陈乃法, 吴梅 . 饭店前厅客房服务与管理 [M]. 北京: 普通高等教育出版社, 2006.

[2] 滕宝红 . 客房服务员岗位作业手册 [M]. 北京: 人民邮电出版社, 2008.

[3] 杨宏建 . 酒店客房服务培训标准 [M]. 北京: 中国纺织出版社, 2006.

[4] 何丽芳 . 酒店服务与管理案例分析 [M]. 广州: 广东经济出版社, 2005.

[5] 陈雪琼 . 前厅客房的服务与管理 [M]. 北京: 机械工业出版社 . 2005.

[6] 郭春敏 . 酒店客房服务管理 [M]. 北京: 南方日报出版社, 2005.

[7] 叶秀霜 . 客房服务与管理 [M]. 北京: 旅游教育出版社, 2002.

[8] 陈向明 . 质的研究方法与社会科学研究 [M]. 北京: 教育科学出版社, 2000.

[9] 罗燕萍 . 客房清洁 [M]. 广州: 暨南大学出版社, 2014.

[10] 杜建华 . 酒店客房服务技能实训 [M]. 北京: 北京交通大学出版社, 2012, 12.

[11] 张雅菊 . 清洁管理师 [M]. 北京: 中国劳动社会保障出版社, 2016.

[12] 杨荫稚, 陈为新 . 饭店业概述 [M]. 天津: 南开大学出版社, 2009.

[13] 刘伟 . 酒店客房管理 [M]. 重庆: 重庆大学出版社, 2018.

[14] 王培来 . 酒店前厅客房运行管理实务 [M]. 上海: 上海交通大学出版社, 2012.

[15] 蒋志青 . 企业业务流程设计与管理 [M]. 北京: 电子工业出版社, 2004.

二、期刊类

[1] 孙洁 . 如何加强酒店客房卫生质量控制 [J]. 企业导报 . 2013 (14).

[2] 缪勇战 . 客房洁具清洁用抹布卫生管理与使用现状及对策 [J]. 中国公共卫生管理 . 2015 (4).

[3] 徐新 . 美国酒店业走向绿色环保 [J]. 广西城镇建设 . 2016 (11).

[4] 董晓鹏 . 剖析清洁新技术在酒店保洁物业中难以普及的根源 [J]. 观点 . 2013 (5).

[5] 李翠琴 . 现代军队疗养院客房保洁管理的探讨 [J]. 中国疗养医学 . 2007 (12).

[6] 赵立航 . 企业流程再造中的新流程设计 [J]. 企业改革与管理 . 2005.

[7] 黄晴, 龙丽娟 . 再造流程 [J]. 企业研究 . 2003 (07).

［8］熊水华，郭跃华，徐学军．BPR 在服务业的应用——一个集中式餐饮服务流程改造的案例研究［J］．工业工程，2003（05）．

［9］李永娇，王志文．对酒店客房清洁流程优化的实证研究［J］．大陆桥视野．2016（6）．

［10］Balakrishnan T．互联网清洁 – 如何改变清洁行业［J］．工业与公共设施清洁．2017（7）．

［11］张懿．坚持清洁标准打造洁净客房．管理经典．［J］．2010（10）．

［12］若帆．酒店客房的公共健康与预防［J］．健康管理．2013（10）．

［13］朱林生．客房部十种通用手工清洁工具［J］．清洁技术．2011（5）．

［14］张仁里．公共设施清洁剂产品的研发和配方设计［J］．知识大讲堂．2012（5）．

［15］高岩冰，武瑞菅．酒店实训客房实验功能研究［J］．河北旅游职业学院学报．2008（3）．

［16］黄向．旅游体验心理结构研究．暨南学报（哲学社会科学版）［J］，2014．

［17］戢芳，周庭锐．商业服务场景中的背景音乐与消费行为［J］．经营与管理，2013（4）．

［18］张瑞仙，王昕．昆明市使用集中空调的宾馆酒店客房空气质量调查［J］，环境与健康杂志．2010（1）．

［19］邱涛．浅谈酒店专业客房服务与管理教学［J］．管理智慧．2012（11）．

［20］赵永青．我国酒店客房卫生问题产生的原因及改善对策［J］．酒店管理研究．2017（12）．

三、网站类

［1］国际酒店用品博览会 Shanghai International Hospitality Equipment & Supply Expo

［2］国际清洁技术与设备博览会 Expo Clean for Commercial Properties and Hotels

［3］凯驰清洁设备有限公司官方网站 www. karcher. cn

［4］力奇清洁设备有限公司官方网站 www. nilfiskcleaning. com

［5］艺康公司 http://www. ecolab. com. cn

［6］派勒地垫公司 http://www. paalermat. com

［7］希尔顿酒店管理集团 www. hilton. com. cn

［8］洲际酒店管理集团 https://www. ihg. com. cn

［9］万豪酒店管理集团 www. marriott. com. cn

附 录

酒店客房清洁常用词汇与句子中英文对照

一、房型

标准间　Standard Room

高级房　Superior Room

豪华房　Deluxe Room

商务房　Business Room

山景房　Mountain–view Room

市景房　City–view Room

湖景房　Lake–view Room

海景房　Ocean–view Room

江景房　River–view Room

行政房　Executive Room

双床房　Twin Room

大床房　Queen Room

单人房　Single Room

双人房　Double Room

家庭房　Family Room

高级套房　Superior Suite

豪华套房　Deluxe Suite

商务套房　Business Suite

行政套房　Executive Suite

总统套房　Presidential Suite

崖景房　Cliff-view Room

限量房　Special Promotion

内景房　Atrium-view Room

豪华大房间　Deluxe Grand Room

情侣房　Lovers' Room

电脑 / 数字房　Smart Room

大使套房　Embassy Suite

豪华单人间　Deluxe King Room

豪华双人间　Deluxe Twin Room

行政商务房　Executive Business Room

特大号床　King-size

大号床　Queen-size

相邻房　Adjoining Room

连通房　Connecting Room

超级豪华客房　Premier Room

公寓客房　Apartment Room

加床　Extra Bed

婴儿床　Babycot

套间　Suit-room

外景房　Outside Room

角房　Corner Room

二、房态

外宿房　Sleep Out

轻便行李房　Light Baggage，L/B

无行李房　No Baggage，N/B

请勿打扰房　DND

无须服务房　No Need Service，NNS

双锁房　Double Locked

空房　Vacant

可出租房　Available & Ready

已打扫客房　Vacant Clean

预留房　Blocked

预订房　Reserved

提前登记房　Pre-registered

走客房　Vacant Dirty

正在打扫房　Make-up

客人等待房　Waiting Room

预计离店房　Leaving Room

住客房　Occupied

已打扫　Occupied & Clean

当日进店　Actual Arrival

新进房行李　New Bags

外宿房　Sleep-out

未打扫　Occupied & Dirty

白天租用　Day Use

未打扫住客房　Occupied Dirty

预期离店　Expected Departure

行李已整理　Bags Packed

延迟离店　Approved Late Departure

三、客房用品常用词汇

1.床单、被套、被芯、枕套、枕芯、浴衣、睡衣、护眼罩

sheet, quilt cover, bed core, pillowcase, pillow core, bathrobe, pajama, goggle

2.　牙具、梳子、香皂、洗发水、沐浴露、护发素、润肤乳、擦鞋布、护理包

dental composites, comb, soap, shampoo, bath dew/shower gel, hair conditioner, lotion, shoe cloth, nursing bag

3.客房电话、电热水壶、客房冰箱、音响配套、空调、床头灯、设施

guest room phone, electric kettle, freezer, acoustics room facilities, air conditioner, lamp, amenity

4.枕头、毛毯、毛巾、浴巾、被子、杯子、椅子、卷纸、拖鞋、纸巾盒

pillow, blanket, towel, bath towel, quilt, glass, chair, toilet paper, slipper, tissue box

5.剪刀、浴帽、剃须刀、针线包、房卡、卫生巾、灯泡

scissors, bath cap, shaver, sewing kit, stateroom key, sanitary towel, lamp

6.马桶、洗衣、衣柜、网线、插座、信纸、抽屉、信封、窗户、门、地毯

lavatory, laundry, closet, line, outlet, stationery, drawer, envelope, window, door, carpet

7. 扣子、烟缸、浴缸、指甲钳、电熨斗、灭蚊器、电视机

button, ashtray, bathtub, nail clipper, electric iron, mosquito killer, television

8. 计算器、手机充电器、台灯、衣架、保险箱、安全套、冰桶

calculator, mobile charger, reading lamp, clothes rack, coffer, condom, ice bucket

9. 游泳池、室内泳池、蛋糕、冰块、咖啡、啤酒、早餐、饼干、茶叶、薯片

swimming pool, indoor pool, cake, ice, coffee, beer, breakfast, cookies, tea, potato chips

10. 雪碧、可乐、矿泉水、巧克力、牛奶、报纸、开关

sprite, cola, mineral water, chocolate, milk, newspaper, switch

四、客房常用工具

抹布 cloth

扫帚 broom

簸箕 dustpan

拖把 mop

尘推 dust mop

马桶刷 toilet brush

百洁布 scouring pad

鸡毛掸子 feather duster

玻璃清洁器 glass cleaner

房务工作车 cleaning service trolley

五、客房清洁常用机械

吸尘器 vacuum cleaner

吸尘吸水机 wet and dry vacuum cleaners

洗地机 floor scrubbers

扫地机 weeper machine

洗地毯机 rug washing machine

六、客房常用清洁剂

清洁剂 detergents

除垢剂 disincrustants

洗手液 hand washing liquids

洁厕剂 cleaning agents toilets

洗洁精 cleanser essence

玻璃清洁剂 glass cleaner

空气清新剂 air freshener

七、客房常用清洁用品

干手机 hand driers

喷香机 perfume dispenser

垃圾箱 dustbin

空气净化器 air purifier

石材护理 stone maintenance

皂液器 soap dispenser

洗衣房化学用品 laundry chemicals

八、客房常用英语句子

（一）客房清洁常用句子

1. I'm sorry to disturb you, but may I clean the room now?

很抱歉打扰您，我现在可以清理房间吗？

2. You can call the front desk when you want your room done.

当您需要清理房间时，可以给前台打电话。

3. May I come in and check the housekeeper's work?

我可以进房检查一下服务员清理房间的情况吗？

4. Housekeeping, may I come in?

客房服务，我可以进来吗？

5. The girl attendant has set about cleaning the room.

那位女服务员已开始打扫房间。

6. We usually make up the check-out room first, but we can do your stateroom earlier on your request.

我们通常是先做走客房，但我们可以按您的要求先做您的房间。

7. When would you like me to do your room, sir?

您要我什么时间来给您打扫房间呢，先生？

8. You can do it now if you like. I was just about to go down for my breakfast when you

come.

如果你愿意，现在就可以打扫。我正准备下去吃早饭呢。

9. What time would be convenient，sir?

先生，请问几点钟比较方便？

10. Would it be convenient if I return at 9：30?

我9点半再来，方便吗？

11. What time would you like us to come back?

您希望我什么时候再来？

12. Right away. I'll place some fresh towels in there, and I'll dean the toilet bowl, wash basin and tub.

马上就去。我会把坐厕、洗面盆、浴缸都清理干净，再放几条新毛巾。

13. Would you like me to draw the curtains?

您需要拉上窗帘吗？

14. We will come and clean your room immediately.

我们马上就来打扫您的房间。

15. Your room will be ready in half an hour.

您的房间过半小时就会打扫干净。

16. I'm afraid no cleaning can be done between 12noon and 2pm. May we come between 2pm and 3pm?

恐怕，中午12点到下午2点期间我们不能打扫房间，我们在下午2点至3点打扫您的房间行吗？

17. Just let us know what you need, and if we can, we will oblige.

如果您需要什么，就告诉我们，只要是做得到的，我们都会尽力为您效劳。

18. Turn-down service, may I com in? Good evening，sir.

开夜床服务，我可以进来吗？晚上好，先生。

19. Please put out a "Do Not Disturb" sign on the door if you need to rest in the room, and the room maids won't knock on the door again.

如果您需要在房间内休息，请在门上挂上"请勿打扰"牌，服务员就不会再敲门了。

20. Excuse me，sir，but I haven't finished cleaning your room，shall I continue?

对不起，先生，我可以继续清扫您的房间吗？

21. If you need to clean your room, put the cleaning sign on the door.

如果您需要清理房间，就把清洁牌挂门外。

（二）客房服务常用句子

1. Here are the light switch，the temperature adjuster，the closet and the minibar.

这是电灯开关、温度调节器、衣柜和迷你吧台。

2. There are 2 outlets in the bathroom，one is for 110v and the other is for 220v.

浴室内有两个插座，分别是 110 伏和 220 伏电压。

3. The hot water supply is round the clock in our hotel.

我们酒店有 24 小时热水供应。

4. The menu is on the door knob. Make down the items and time for your breakfast and hang it outside the door.

这是挂门餐牌，请标明用早餐的品名和时间，并把它挂在门外。

5. Here is the hotel's service booklet and the telephone directory. You can make DDD calls and IDD calls from your room.

这是我们酒店的服务指南和电话号码本，您可以从房内打国内和国际直拨电话。

6. I'm sorry to hear that you're ill, shall I get you a doctor?

我很遗憾听到您生病了，要我给您请个大夫吗?

7. If you don't want to be disturbed, just hang the DND sign out side the door.

如果您不想被打扰，就请将"请勿打扰"的牌子挂在门外。

8. I'm afraid you'll have to contact the front office for the extra bed.

恐怕您得和前厅部联系加床事宜。

9. Just leave your laundry in the laundry bag.

请把洗的衣物放在洗衣袋中。

10. We charge 50% more for the express laundry service.

我们要加收 50% 快洗服务费。

11. Our hotel will pay for the laundry damage，the indemnity shall not exceed 10 times the laundry fee.

我们酒店会赔偿洗衣损坏，赔偿费不超过洗衣费的 10 倍。

12. I'll bring one more blanket to you right away.

我马上给您再拿条毯子来。

13. I'm awfully sorry about that.

我对此十分抱歉。

14. I do apologize for my mistake.

我为我的错误而道歉。

15. Sorry，to have caused you so much trouble.

对不起，给您添麻烦了。

16. I assure you that it won't happen again，I'll be more careful another time.

我保证这件事以后不再发生，以后我一定仔细些。

17. Why hasn't my baggage been sent up yet?

我的行李怎么还没送上来？

18. I'm sorry for the slowness，the bellman is carrying your baggage up now.

我为服务迟缓表示抱歉，行李员正在将您的行李送上来。

19. This pillow case is so dirty.

这个枕套太脏。

20. I'm sorry，thank you for bringing this to my attention，I will bring you a clean one at once.

对不起，谢谢您提醒我这些，我马上给您拿干净的。

21. The air-conditioner is not working well.

空调出了问题。

22. Sorry，I will send for an electrician to fix it right away.

对不起，我马上给您请个电工来修理。

23. Just a moment，please，sir，I'll get you the manager to take care of the problem.

请稍后，先生，我给您请经理来解决这个问题。

24. May I supply the mini-bar for you?

我可以补充您的迷你酒吧吗？

25. May I help you？

我可以帮你吗？

26. What else can I do for you？

还有什么可以为您效劳吗？

27. May I have your stateroom number？

请问您的房号是多少？

28. I'm glad to meet you！

很高兴见到你！

29. Have a nice day.

祝您拥有愉快的一天。

30. Would you have some lanudry today?

您今天要洗衣服吗？

31. May I come to your room and have a look?

我能进您的房间看一下吗？

32. We hope service to you again.

希望再次为您服务。

33. It's free of charge.

这是免费的。

34. I will send it to you right away.

我会马上送来。

35. I'm sorry. I'm afraid I can't understand about that, may I call duty manger.

请原谅，我恐怕不是很明白您的意思，我可以让值班经理回复你吗？

36. You're welcome and I hope you have a good dream.

不用谢，祝您好梦。

37. I'm afraid your room will be ready in a few minutes, we are sorry for the inconvenience.

您的房间还需要几分钟才能收拾好，给您带来的不便我们表示歉意。

38. Let me adjust the air conditioner for you.

让我为您调节空调。

39. If there is anything I can do for you, just let me know.

如果有什么能够帮上您的，尽管告诉我。

40. If you have anything else, please dial extension number.

如果您还需要其他服务，请拨内线。

41. Your stateroom is at the end of the corridor.

您的房间在走廊的尽头。

42. I can contact the reception to arrange it for you.

我会联系前台来为您安排。

43. There is some repair work on the upper floor, but it will stop during the rest time, I hope you can understand.

上面楼层在维修，但在休息时会停止，我希望您能理解。

44. I'm afraid we don't have this service.

我恐怕我们没有这项服务。

45. I'll report it to my supervisor immediately. we'll let you know as soon as possible.

我会马上报告我们主管，我们会尽快回复您。

46. I'm sorry for security reasons we can't open the door.

很抱歉，为了安全原因，我们不能开门。

酒店清洁常用表单

整理工作车

工作任务：整理工作车　　　　　　　　分部门：＿＿＿＿＿＿＿

制定人：＿＿＿＿＿＿＿＿　　　　　　批准人：＿＿＿＿＿＿＿

做什么	如何做	为什么	备注
查卫生	1. 取出部分客用品 2. 查看下方有无杂物 3. 用手摸工作车表面及隔层	检查卫生是否合格	手上无灰尘为准
查客用品	1. 看是否摆放整齐 2. 查看是否按标准数量配备 3. 看是否按标准摆放	1. 保证工作时不浪费且够用 2. 方便自身使用 3. 方便其他同事使用	按 12 间标准配备
查纸质品的配备	1. 查纸质品是否摆放整齐 2. 查有无过期的宣传品 3. 查看是否按标准量配备 4. 查是否配备齐全	1. 可减少纸质品的损坏率 2. 以免入房间造成投诉 3. 够用的同时不至于浪费 4. 以免出现房间少现象	按 5 间标准配备
查布草	1. 查是否摆放整齐 2. 查看不用的布草是否放于规定的区域 3. 查布草是否配备过多或过少	1. 方便取用 2. 方便其他同事使用工作车 3. 过少不够用，过多增加工作车的重量	此项可根据第二天的工作量适当调整，如：单间多少间，标间多少间
查清洁篮	1. 查清洁篮内有无积水 2. 查清洁篮内有无杂物 3. 查物品摆放是否标准 4. 查看清洁篮内的用具是否备齐全	1. 方便取用 2. 以保证明天的工作正常进行	清洁剂不宜配过多，以加强节能工作
查布草袋	1. 布草袋内严禁有脏布草 2. 垃圾袋内严禁有垃圾 3. 查布草袋有无破损 4. 查布草袋是否按左边布草袋，右边垃圾袋摆放	1. 脏布草收集完，可保证第二天布草用量 2. 保证布草袋的正常使用 3. 统一摆放不至于出现乱扔的情况	装布草的布草袋比装垃圾的布草袋要长
查工作车能否正常使用	用手拉住工作车来回推几下	1. 听听是否有噪声 2. 滚轮是否能正常使用	住客率不高的情况下，客用品及布草可适量少配，以保证工作车的使用寿命

清洁浴缸工作任务明细单

工作任务：<u>清洁浴缸</u>　　　　　　　分部门：_____
制定人：_____　　　　　　　批准人：_____

做什么	怎么做	为什么	备注
清理垃圾	把浴缸内的残留水放空，关闭浴缸活塞，并把垃圾捡出 对可回收的物品进行回收处理	为刷浴缸做初步清理工作	做好刷洗前的准备工作
刷洗浴缸	1. 把稀释后的全能清洁剂喷洒在浴缸刷上 2. 用浴缸刷对浴缸内外及上方墙面进行刷洗，尤其要加大浴缸面中部和底部的清洁力度，直到无污渍残留	1. 清洁剂不能直接接触浴缸面，以免加大清洁剂的腐蚀力度 2. 因浴缸面中部及底部容易积累大量污垢	确保浴缸刷洗干净，达到卫生标准
冲洗	开启热水，打开喷头，检查是否喷洒自如。用水瓢从浴缸水龙头处接取热水，沿浴缸周边面冲洗浴缸及上方墙面，直到无泡沫残留为止	热水冲洗后，浴缸更容易清洁干净	减少员工抹布的使用量
擦干	放完浴缸内的积水，使用浴缸专用的抹布沾湿热水拧干。先擦浴缸的镀铬件，再顺着浴缸墙面，从上到下从里到外将浴缸擦干	避免抹布交叉污染，确保浴缸内无残留水	保持干净及光泽
消毒	浴缸晾干后，根据消毒标准，使用稀释后的84消毒液，均匀地喷洒至浴缸表面	对浴缸进行消毒	使其达到规定的卫生标准

清洁马桶工作任务明细单

工作任务：<u>清洁马桶</u>　　　　　　　分部门：_____
制定人：_____　　　　　　　批准人：_____

做什么	怎么做	为什么	备注
清理垃圾	若马桶内有垃圾残留，先用抽水功能对马桶进行一次冲水，若有顽固垃圾无法冲掉，应想办法把大垃圾取掉	做清洁前的垃圾清理工作	做好刷洗前的准备工作
刷洗马桶	1. 在马桶盖（合叶）后方喷洒一定量的全能清洁剂 2. 使用沾水的马桶刷不断地来回刷洗马桶盖后方，直至出现少量泡沫 3. 出现泡沫后，再沿着马桶盖、第二层合叶、马桶座圈内外及马桶内部的顺序进行来回刷洗清洁，直至无污渍，无异味 4. 使用马桶刷对马桶外围底部进行刷洗清洁	1. 喷上清洁剂后等清洁剂挥发一段时间，更有利于去除异味 2. 按顺序清洗，以免漏掉某处，忘记清洁	确保马桶刷洗干净，无污渍无异味
冲洗	使用抽水功能放水，并用马桶刷带清水冲洗马桶（按当时清洁的顺序和位置进行），直至无泡沫	使用马桶刷冲洗马桶更加方便有效，同时也能对马桶刷进行清洁	
擦干	使用马桶专用的抹布擦干马桶内外，包括外壁和卫生纸架	避免抹布交叉污染，确保马桶表面无残留水	
消毒	擦干马桶后，使用稀释后的84消毒液均匀地喷洒在马桶表面	对马桶进行消毒	使其达到规定的卫生标准

清洁面盆工作任务明细单

工作任务：清洁面盆　　　　　　　　　分部门：＿＿＿＿＿＿＿＿

制定人：＿＿＿＿＿＿＿＿　　　　　　批准人：＿＿＿＿＿＿＿＿

做什么	怎么做	为什么做	备注
清理垃圾	清理面盆内的垃圾，注意盆塞处的杂物，如毛发、茶叶等。放掉面盆内积水 对可回收的物品进行回收处理（如梳子、牙具等）	做清洁前的垃圾清理工作	做好刷洗前的准备工作
刷洗面盆	1. 把稀释后的全能清洁剂喷洒在面盆刷上，刷洗面盆的镀铬件 2. 用面盆刷对面盆进行顺时针打圈刷洗，直到无污渍为止	沿着面盆弧度进行清洁工作比较合理	确保面盆无污渍残留
冲洗	打开面盆水龙头放出热水，并在面盆达到三分之一积水量时搅动积水冲洗面盆，再放掉积水	确保无泡沫残留，同时节约清洁用水量	
擦干	使用面盆专用抹布擦干面盆及镀铬件	避免抹布交叉污染	
消毒	使用稀释后的84消毒液均匀地喷洒在面盆表面	对面盆进行消毒	使其达到规定的卫生标准

清洁浴室天花工作任务明细单

工作任务：清洁浴室天花　　　　　　　分部门：＿＿＿＿＿＿＿＿

制定人：＿＿＿＿＿＿＿＿　　　　　　批准人：＿＿＿＿＿＿＿＿

做什么	怎么做	为什么	备注
擦洗	在面盆内放出热水，并洒入一定量的全能清洁剂，再使用干净的抹尘专用的抹布浸入水中，拧至七成干后，踩上梯子，对天花进行来回擦拭，尤其注意加大对天花边缝内的清洁力度	半湿的热抹布更容易去除天花上的污渍	确保梯子可正常使用
第二次擦拭	在面盆内重新放入干净的热水，使用专用的抹尘抹布，浸湿后重新对天花进行清洁擦拭	抹去天花上残留的清洁剂	确保天花无污渍

清洁台面工作任务明细单

工作任务：清洁台面　　　　　　　　　分部门：＿＿＿＿＿＿＿＿

制定人：＿＿＿＿＿＿＿＿　　　　　　批准人：＿＿＿＿＿＿＿＿

做什么	怎么做	为什么	备注
清理并回收	清理台面上的垃圾，并整理分类，回收可回收的用品	遵循绿色酒店原则，回收用品，节约成本	做好台面清洁前的准备工作
清洁台面	使用擦镜子的湿抹布按顺序擦净毛巾架、电话、墙面、消耗品架、台面进行全面的擦拭清洁，擦完再清洁台面前侧的面巾纸盒及大理石；按顺序擦净吹干器、开关墙面，注意边角污迹及毛发。最后用干抹布擦干	保持台面清洁无污渍，角落干净无积灰，湿抹布擦拭后会残留水迹，所以要再用干抹布擦干	确保台面卫生达到标准

抛光不锈钢工作任务明细单

工作任务：抛光不锈钢　　　　　　　　　　　分部门：＿＿＿＿＿＿＿＿＿

制定人：＿＿＿＿＿＿＿＿＿　　　　　　　　批准人：＿＿＿＿＿＿＿＿＿

做什么	怎么做	为什么	备注
抹尘	使用湿抹布将不锈钢物件表面的灰尘先擦干净	为下一步的抛光做清洁准备	使不锈钢清洁无灰尘，无污渍
抛光不锈钢	1.将金属亮光剂适量倒在干净的镜布上，再对不锈钢物件进行擦拭 2.用干的镜布对不锈钢物件进行抛光，直到不锈钢物件表面光亮如新	对不锈钢进行定期的清洁，使其光亮清洁	达到规定的清洁标准
除锈	对不锈钢表面的锈迹，采用适量的除锈剂，倒在锈迹表面进行除锈	对不锈钢进行除锈保养，使不锈钢表面无污渍	延长其使用寿命

清洁浴室镜子工作任务明细单

工作任务：清洁浴室镜子　　　　　　　　　　分部门：＿＿＿＿＿＿＿＿＿

制定人：＿＿＿＿＿＿＿＿＿　　　　　　　　批准人：＿＿＿＿＿＿＿＿＿

做什么	怎么做	为什么	备注
清洁镜面	1.使用清洗脸盆的湿抹布拧干后，对镜面按上下来回的顺序进行全面的擦拭，尤其对有污点的地方（如脸盆上面一寸的地方，尤其容易有皂渍和牙膏渍）重点擦拭，并同时使用干的镜布进行抛光擦拭 2.若镜面较脏，则使用专门的镜面刮刀沾湿后，对镜面进行清洁处理 3.对镜框横档与表面用热抹布进行来回清洁擦拭，直至无污渍，无积灰 4.若有特殊污渍（如胶水粘渍），则用相应的药剂进行去除	用带热水的湿抹布擦洗后再用镜布擦更容易达到镜面清洁明亮的效果	确保镜面洁净符合标准

清洁浴室地面工作任务明细单

工作任务：清洁浴室地面　　　　　　　　　　分部门：＿＿＿＿＿＿＿＿＿

制定人：＿＿＿＿＿＿＿＿＿　　　　　　　　批准人：＿＿＿＿＿＿＿＿＿

做什么	怎么做	为什么	备注
清理垃圾	清理地面上的垃圾，并对可回收的物品进行回收处理	做清洁前的垃圾清理工作	做好清洗前的准备工作
刷洗	1.使用干净的地面专用抹布打湿后，先擦拭坐厕两侧及台面下的瓷砖，再抹卫生间地面，由内向外抹，留意墙角及地面有无毛发，地面不可积水 2.若有无法使用抹布抹去的顽固污渍，则应使用板刷沾上清洁剂对地面进行刷洗，尤其加大对地面缝隙内的清洁力度，刷洗完后再用水瓢对地面进行冲洗；冲洗完后，使用地面干抹布进行擦干	保持地面卫生清洁	确保达到卫生标准

铺床工作任务明细单

工作任务：铺床 _____   分部门：_____

制定人：_____   批准人：_____

做什么	怎么做	为什么	备注
撤床	1. 把床上的脏布草撤掉并把床从墙边移开 2. 拿掉床上所有布草，并抖动床单，所有换下的布草不能落地 3. 检查被子、保护垫、床垫、枕头是否有污迹或破损	1. 以便有足够的空间活动 2. 以确保没有贵重物品或衣物裹在里面 3. 若有污渍立即更换	做好铺床前的布草撤离工作 检查床垫等物品确保无破损
铺床褥	检查床垫号码是否正确，并把床褥平整地铺在床上		铺床应从尾部开始，并按顺时针方向绕床进行
铺床单	把床单平整地铺在床褥上，保持中线居中，衡量四个角并把它们紧紧地塞入床垫下面（包角45°，90°都行）		被套、枕套与床单中线一致
铺被套	把被套铺平，将被子放上，前面两角用绳子固定，铺平整，放于床的中间，床两边尺寸需相等，被头与床头平行折回40厘米，床头与被子折处相距40~45厘米，被套、枕套与床单中线一致，床尾两侧包角90°，两边自然下垂	按规定的标准铺，以保持整齐美观	
换枕套	更换枕套，注意四角饱满以确保更换后无折皱，放置枕头，枕头开口与床头柜反方向		
放床尾巾和靠垫	1. 放床尾巾。平放床的下方，位于床尾的20厘米处，并在床中线处。店徽居中，两边尺寸相等 2. 靠垫，放于枕头中心靠于枕头上，一角向下，有拉链后扣的一方朝下。		

电话清洁和消毒工作任务明细单

工作任务：清洁消毒话机 _____   分部门：_____

制定人：_____   批准人：_____

做什么	如何做	为什么	备注
准备	准备好电话清洁剂、回收的小牙刷和干的镜布	做好清洁前的准备工作	
清洁电话	1. 将电话线拔下 2. 将电话清洁剂喷在电话机表面，用干的镜布进行擦拭，利用牙刷对细缝进行清洁，再用镜布进行擦拭 3. 将电话清洁剂喷在镜布表面，然后对电话线进行擦拭清洁	以免操作时误拨号码	注意清洁剂不可喷到漏到话机内部的地方，以免损坏话机
消毒	清洁完毕后，利用稀释后的84消毒液，沾湿镜布，对电话机进行消毒		不可直接将84消毒液喷在话机上
插上电话	插上电话线，试用电话机	确保电话正常使用	确保电话机清洁卫生

清洁家具工作任务明细单

工作任务：<u>清洁家具</u>　　　　　　　分部门：<u>　　　　　　　</u>
制定人：<u>　　　　　　　</u>　　　　　　批准人：<u>　　　　　　　</u>

做什么	怎么做	为什么	备注
准备	准备好干湿抹布及牙刷等物品	做好清洁前的准备工作	
清洁家具	先用湿抹布将家具内外仔细抹一次，包括细缝里，若是无法清理，就利用牙刷轻轻地刷洗细缝，直至无污垢为止	确保家具无积灰无污垢	确保家具达到规定的清洁标准

房间抹尘工作任务明细单

工作任务：<u>房间抹尘</u>　　　　　　　分部门：<u>　　　　　　　</u>
制定人：<u>　　　　　　　</u>　　　　　　批准人：<u>　　　　　　　</u>

做什么	如何做	为什么	备注
准备	准备好一干一湿两块抹布，注意将抹布折叠使用	以减少抹布的洗涤次数，提高工作效率	
抹尘	抹尘时应沿顺时针或逆时针方向，遵循从上到下，从左到右，从里到外的原则 同时检查房间的设施设备是否正常 检查房内的需补充的客用品、宣传品种类数量是否齐全 牢记当天计划卫生	不容易漏项，不重复以便抹尘后进行补充	确保无灰尘，达到规定的卫生标准
抹尘顺序 1.房门	应从上到下，用湿抹布将门、门框、房号牌及门锁抹干净；同时检查门锁是否灵活，"请勿打扰"灯、门铃、防火疏散图是否完好，有无破损及污渍		
2.衣柜	擦拭衣柜时应从上到下，从里到外抹净，检查衣架数量是否齐全，并挂整齐，检查鞋篮是否完好，洁鞋服务纸有无灰尘，保险箱密码是否清零，门是否打开		
3.全身镜	打开廊灯，用湿抹布擦净，用干布抛光擦亮，蹲下身并从侧面对光检查镜子有无污迹		
4.写字台、化妆镜	用湿抹布擦拭镜灯、镜框、台灯，并用干布抛光；如果台灯灯线露在写字台外面，要将其收好，多余的电线应按要求缠绕，电线不可绕桌脚。灯罩接缝朝墙面 擦拭化妆镜要先用湿抹布，再用干抹布擦拭。站在镜子侧面检查，看镜面有无毛发、手印、灰尘 用湿抹布擦净写字台面，检查文件夹内是否有短缺和破旧物品，为补充物品做准备，用湿抹布将写字台抽屉逐个拉开擦净，检查购物袋、洗衣袋、洗衣单是否齐全，摆放位置是否标准，擦净椅子，注意椅子的摆放位置		

续表___

做什么	如何做	为什么	备注
5. 电视机	擦净电视机外壳和底座的灰尘并摆正位置，与写字台正面边沿相距10厘米。用湿抹布将电视机柜内外，上下各处擦拭干净	确保清洁卫生无灰尘	
6. 客房迷你吧	擦净迷你吧区域内外各处，检查冰箱发动机声音是否正常，接水盆是否有水，温度是否适宜，检查饮料数量、保质期、查看水杯、调酒棒、瓷杯、杯垫是否完好，有无破损，电热水壶内是否干净无水垢，无积水。擦冰箱底部时应将冰箱搬出，拔掉插座，里外进行清洁，清洁完成后将插座插回		
7. 窗台	用湿抹布擦窗台窗轨。抹玻璃时注意应先用湿抹布从上到下擦一遍，再用干抹布擦，注意边角，并定期检查窗外蜘蛛网		
8. 沙发、茶几、扶手椅、落地灯	可用干抹布抹去灰尘，用湿抹布擦拭扶手椅的横档，茶几座用湿抹布擦拭，再用干抹布擦，并注意茶几上物品的摆放。用干抹布擦拭灯罩、灯泡、灯架，站在茶几后从上到下擦拭落地灯，并检查窗帘后有无垃圾，烟灰。将空调开关调至酒店规定温度26℃，用干抹布擦去开关上积灰，再抹画框		
9. 床头板	开启集控板的所有按钮，检查各灯泡是否完好，同时打开电视机看有无图像、频道选择是否标准、音量大小是否合适、色彩是否过度，并关闭电视机。然后用干抹布擦拭灯罩、灯泡、灯架和床靠板，注意床头灯的位置接缝朝墙，蹲下身，用干抹布擦拭夜灯及床头柜内侧，检查床底和床头柜后面有无垃圾。检查电视节目单是否完好，摆放标准		

清洁窗户工作任务明细单

工作任务：清洁窗户_____　　　　分部门：_____

制定人：_____　　　　批准人：_____

做什么	怎么做	为什么	备注
准备	准备好清洁工具（板刷、百洁布、回收的牙刷）和清洁剂，倒入少许清洁剂在水桶内，然后再注入半桶热水	做好清洁窗户前的准备工作	
清洁玻璃窗	1. 用一块大抹布垫在窗台上，先用玻璃刮刀除掉顽固的污渍，用湿布和清洁剂擦湿一边玻璃。用刮刀上的橡胶部分从上到下，从左到右把水刮净 2. 用百洁布沾上清洁剂从上到下刷洗窗框，并用小牙刷刷洗缝隙处，然后用湿布擦干净窗框，再用干布擦干，将放置在窗台的大抹布收起，利用板刷沾上清水刷洗外窗台，让其自然风干，最后用干净的抹布将内窗台擦干净	1. 以免污水污染其他部位 2. 以免遗漏	以免将窗框下的地毯弄脏
检查	最后要检查玻璃窗是否干净，明亮，光线充足		使其符合规定的清洁标准

补充客房用品工作任务明细单

工作任务：<u>补充客房用品</u>　　　　　　　分部门：<u>　　　　　　　</u>

制定人：<u>　　　　　　　</u>　　　　　　　批准人：<u>　　　　　　　</u>

做什么	怎么做	为什么	备注
检查和统计	检查现存客房用品的质量、种类和数量，并以此统计所需要补充的客用品的种类、数量	控制客房用品的消耗，最大限度避免客房用品量的浪费	以便节约客房用品成本
补充	根据所需要的客房用品的种类和数量取出完好的客房用品进行补充，并摆放整齐	使客房用品的种类、数量符合规定的标准	以便能及时供给客人正常使用
记录	记录补充的客房用品的数量、种类	方便统计客房用品消耗量	以备日后查阅

补充干净布草工作任务明细单

工作任务：<u>补充干净布草</u>　　　　　　　分部门：<u>　　　　　　　</u>

制定人：<u>　　　　　　　</u>　　　　　　　批准人：<u>　　　　　　　</u>

做什么	怎么做	为什么	备注
检查	检查需要补充的干净布草的种类、数量（如方巾、毛巾、床单被套等）	可根据所需要的数量和种类进行添加	
补充	将所需要的干净布草从布草柜中取出，按规定的数量和标准进行整齐摆放	及时为客人提供可供使用的干净布草	使其按规定的标准摆放
登记	将补充的数量在报表上进行如实填写	方便统计布草数量	以备日后查阅

检查房间维修工作任务明细单

工作任务：<u>检查房间维修</u>　　　　　　　分部门：<u>　　　　　　　</u>

制定人：<u>　　　　　　　</u>　　　　　　　批准人：<u>　　　　　　　</u>

做什么	怎么做	为什么	备注
记录房间号码、房态、维修原因	根据客房中心出示的房态表，确认并记录房间号码、房态及维修原因对房间进行检查	以免引起房态误差避免遗忘	确保维修房态正常，以便检查维修的工作顺利进行
进门	按照规定的标准敲门进房	以免引起其他不必要的突发状况	确保操作按规定标准进行
检查维修	根据维修原因对维修部位进行检查确认	检查维修部位是否修好	确认房间的维修状态
记录	将维修结果记录在报表上，并进行交接汇报	对维修结果进行跟进	以便及时跟进维修结果，及时放房

房间地毯吸尘工作任务明细单

工作任务：**房间地毯吸尘**　　　　　　分部门：＿＿＿＿＿＿＿＿

制定人：＿＿＿＿＿＿＿＿　　　　　　批准人：＿＿＿＿＿＿＿＿

做什么	怎么做	为什么	备注
清理垃圾	将地毯上不利于吸尘的垃圾先清理掉，若垃圾较多，则利用扫帚先清扫掉	以防垃圾过多过大，造成吸尘器软管堵塞，损害到吸尘器	有利于吸尘器的使用
准备好吸尘器	事先检查吸尘器电线是否完好，吸扒是否完好	确认吸尘器能正常操作	做好吸尘前的准备工作
吸尘	插上吸尘器的开关，确认电源线无漏电现象，再拿起吸尘器靶头，同时注意拉好吸尘器的拉绳，控制拉的力度；切勿直接拉吸尘器的软管，以免拉断软管 打开吸尘器的开关，按照地毯顺毛的方向，从远处开始到后面，前后来回开始一行一行的吸尘。对于有缝的边角的地方，应该取下吸尘器的靶头，用软管进行吸尘 打开专用毛刷吸软家具和沙发靠垫 切换开关，对大理石地面或光滑的砖面进行吸尘 吸尘完毕后，先关掉吸尘器的开关，再将吸尘器的插头拔掉 按从里到外的顺序将吸尘器的电线绕好	以免电机损坏 以免电线缠绕打结，不利使用	

清洁地毯（地毯除渍）工作任务明细单

工作任务：**清洁地毯（地毯除渍）**　　　分部门：＿＿＿＿＿＿＿＿

制定人：＿＿＿＿＿＿＿＿　　　　　　批准人：＿＿＿＿＿＿＿＿

做什么	怎么做	为什么	备注
清理地毯垃圾	在对有污渍的地毯进行清洁之前，先对地毯上的垃圾进行吸尘清理	有利于地毯清洁工作的展开	
分辨污渍种类	观察地毯上的污渍，分辨地毯污渍的种类：咖啡渍、果渍、油渍、墨渍、血渍等	可以根据污渍种类对地毯进行相应的处理	有利于地毯的清洁和保养，避免化学药剂对地毯的不必要的伤害
清洁地毯	根据相应的污渍，用温水配好地毯清洁剂或地毯除渍剂，装入喷壶 1.在地毯上或小刷子上倒上相应的去渍剂，轻轻地往内部打圈的方式进行刷洗 2.刷洗干净后，再用清水进行清洗，直到没有泡沫出现 3.最后用干净的干抹布尽量吸走水分，擦干湿处，再用一块干抹布垫在上面 若地毯污渍面积较大，则可使用专门的地毯机进行清洗，然后用抽水机进行抽干	以免使用错误的药剂而损坏地毯 以免泡沫风干后导致地毯毛硬化 以免在地毯潮湿的情况下因踩踏等原因沾染污渍	按正确的药水比例配置地毯清洁剂 及时清洗地毯，保持地毯美观，使其符合规定的标准
吹干地毯	可开窗通风让其自然风干 若时间紧可采用大的地毯吹风机对地毯进行吹干，根据机器不同把握好吹的时间	及时吹干地毯	以免因地毯潮湿原因带来其他不良影响

清理吸尘器工作任务明细单

工作任务：清理吸尘器_____   分部门：_____

制定人：_____   批准人：_____

做什么	怎么做	为什么	备注
打开吸尘器	将吸尘器拉到工作间，小心地打开吸尘器的盖子，把尘袋拿出	打开吸尘器时要小心，避免损坏吸尘器部件	
清洁尘袋	将尘袋内的垃圾先倒掉，将尘袋的内衬翻出来，同时向其他楼层借调一台吸尘器，打开吸尘器的开关，将粘在尘袋内的灰尘和垃圾清理掉，并定期对尘袋进行清洗	保持尘袋清洁，有利于吸尘器的保养	
清洁软管	1.检查软管是否有异常漏风的现象，如果有，应及时反馈上级，并将吸尘器送修 2.检查软管内是否有堵塞物，若有，则要对软管内部进行清理。并用抹布对软管进行简单擦拭	维护软管，保证吸尘器的正常使用	
清洁靶头	用回收的牙刷和抹布对靶头进行清洁。观察靶头内是否有垃圾堵塞的现象，如果有，则可以用细长的钢丝或回收的牙刷对靶头入口进行疏通，同时朝下轻轻晃动靶头，有利于里面的堵塞物掉出来 用牙刷对靶头表面的细缝进行清洁，再用抹布擦干	保持靶头的清洁和正常使用	

维护走廊卫生工作任务明细单

工作任务：维护走廊_____   分部门：_____

制定人：_____   批准人：_____

做什么	怎么做	为什么	备注
巡查	巡查走廊时，发现有小垃圾应及时随手捡起，若有大垃圾，则及时进行清理（尤其是立式烟缸内的烟蒂不可积累，应随时清理）	及时维持走廊卫生清洁	保持走廊清洁
地毯维护	发现地毯污渍及时根据情况进行去渍 若有烟洞出现，及时使用刀片刮去烟焦	以免地毯留下不可去除的污渍使地毯保持美观	保持地毯清洁
通风	及时打开防火通道门，让空气流通	去除异味	保持空气清新

清洁走廊工作任务明细单

工作任务：清洁走廊　　　　　　　　　分部门：＿＿＿＿＿＿＿

制定人：＿＿＿＿＿＿＿＿　　　　　　批准人：＿＿＿＿＿＿＿

做什么	怎么做	为什么	备注
准备	参加完班前会后，准备好抹布、干净的垃圾袋等	准备好清洁用的工具	提高工作效率
清洁立式烟缸	将电梯口的立式烟缸内的垃圾及烟蒂清洁干净，然后用不锈钢亮光剂将金属烟缸擦干净	确保立式烟缸清洁光亮	保证符合规定的清洁标准
更换立式烟缸内的细沙（或细石）及垃圾袋	将立式烟缸内的垃圾袋进行更换，并更换掉脏的细沙或细石	以保持美观	保证走廊卫生符合规定的清洁标准
抹尘	1. 用干净的抹布将走廊上的地脚线、服务台桌子（贡台）、百叶通风口及木制品表面，从左到右或从右到左，依次抹干净 2. 将东西首的窗户（窗槽）、东首窗户前的地面、西首员工电梯口地面清洁干净	确保走廊各处无灰尘	保持走廊各处的清洁
吸地	1. 先拾起地毯上的大块杂物 2. 准备好吸尘器 3. 从走廊一头顺吸到走廊的另一头，从左到右依次吸尘 4. 吸地毯边时可用特殊的吸尘工具，或摘下活动把头，用吸管进行吸尘	以免吸尘器的吸管堵住	确保地毯干净清洁

清洁工作间工作任务明细单

工作任务：清洁工作间　　　　　　　　分部门：＿＿＿＿＿＿＿

制定人：＿＿＿＿＿＿＿＿　　　　　　批准人：＿＿＿＿＿＿＿

做什么	怎么做	为什么	备注
准备	准备好水桶、百洁布、清洁剂、拖把、抹布	做好清洁前的准备工作	
清洁客房物品柜	清理柜子及抽屉内的杂物，倒掉所有垃圾，清洗垃圾桶 用百洁布和清洁剂清洁柜子板面和抽屉、桌面等，然后用干净的抹布擦干净柜子；下班前，及时通知餐饮部收回送餐物品	保持环境卫生 保证干净，整洁 以免丢失	
抹尘	对窗台、窗户、地面、桌面、柜面、高处、镜面进行抹尘	保持清洁	
清洁洗手池	用热水和清洁剂及百洁布彻底地洗刷洗手池，再用清水冲洗干净	保持清洁	
清洁卫生间	用适当的清洁工具和清洁剂将卫生间彻底清洁干净	保持良好的工作环境	
清洁制冰机	定期要给制冰机消毒，把抹布放在放入消毒剂的水中洗干净，擦净制冰机的内外侧，保证彻底的消毒		
清洁消毒柜	定期要给消毒柜消毒，把抹布放在放入消毒剂的水中洗干净，擦净消毒柜的内外侧，保证彻底的消毒。再把洗干净的杯子放入消毒柜中，进行消毒	彻底清洁和消毒，确保卫生	
清洁楼梯门	用洗干净的抹布从上到下，从左到右擦干净，包括门把手、门框		
清洁楼梯扶手	用洗干净的抹布从上到下，从左到右擦干净		
清洁楼梯及员工通道	先用扫帚扫楼梯及通道的杂物，再用干净的拖把拖干净每一件台阶及通道，做到无灰尘，达到最佳卫生效果		
检查	检查所有清洁过的地方，包括墙面若有字迹或掉漆的地方，需通知工程部重新粉刷		

整理楼层库房工作任务明细单

工作任务：整理库房＿＿＿＿＿　　　　分部门：

制定人：＿＿＿＿＿＿＿＿　　　　批准人：＿＿＿＿＿＿＿

做什么	如何做	为什么	备注
物品的分类	将物品分为客用品、清洁用品、玻璃器皿、橱具、纸制品，及杂物	方便查找	
物品的摆放	将物品分类并摆放整齐，使各类物品摆放在各自区域		保证消防通道的畅通
库房的清洁	1. 清洁库房表面垃圾 2. 摆放粘鼠板，并检查有无鼠洞 3. 进行消杀 4. 检查有无裸露的电线 5. 检查有无漏水现象	1. 干净、整齐 2. 保证物品安全 3. 杀灭有害的蚊虫 4. 杜绝火灾隐患 5. 避免物品受潮	
抹尘	对窗台、窗户、地面、桌面、柜面、高处进行抹尘	保持清洁	

检查退房工作任务明细单

工作任务：检查退房＿＿＿＿　　　　分部门：＿＿＿＿＿＿＿

制定人：＿＿＿＿＿＿＿＿　　　　批准人：＿＿＿＿＿＿＿

做什么	怎么做	为什么	备注
接到通知	接到客房中心或客人通知退房，及时记录房间号码	以免遗忘	
查退房	服务员应先查看工作交接本上的记录检查该房是否有物品借用记录，再进房间检查客人酒水吧的使用情况、设施设备完好情况、棉织品完好情况，以及留意客人是否有遗留物品	及时发现客人租借物品是否及归还以及客人是否遗留物品，以便客人及时领回	保护酒店和客人的利益
通报	如发现房内有损坏或丢失的物品，或有酒水吧的使用情况，立即通知前台收银让客人稍等，并将丢失或损坏物品和酒水吧种类数量报给客房中心，并记录文员的姓名，通知时间；如发现有客人遗留物品的，应立即通知收银员转告客人；查退房及报吧过程不超过5分钟		认真检查，据实报告
通风、收棉织品	1. 查完退房后，应及时开窗通风（刮风、下雨或天气特别潮湿的例外） 2. 在查退房过程中，随手将掉在地上的棉织品捡起来放在浴缸里或行李柜上	以减少对棉织品的污染	

接待重要客人工作任务明细单

工作任务：接待重要客人　　　　　　　　分部门：＿＿＿＿＿＿＿

制定人：＿＿＿＿＿＿＿　　　　　　　　批准人：＿＿＿＿＿＿＿

做什么	怎么做	为什么	备注
了解情况	接到客房中心或领班通知重要客人入住：了解客人的姓名、房号、日程安排、抵离店时间、生活习惯等情况	做好接待前的了解工作	
准备	1. 对重要客人的房间进行重点清洁，做到窗明几净、一尘不染，并按规定标准布置VIP用品（鲜花、水果、洗手盅、刀叉、平盘等），床上用品必须确保整洁无污迹，无破损或发硬现象，并对房内设备进行检查 2. 跟进上级指定需要跟进的地方 2. 根据贵宾的级别、爱好及人数，在贵宾到店前提前一小时准备好欢迎茶	做好客人到店前的准备工作	
迎接	1. 在客人到店前半小时打开贵宾房房门，插上取电卡，打开所有的灯 2. 根据贵宾级别，服务员与领班或以上的管理人员一起站在专梯两侧平行站好，当电梯门打开时，应向客人鞠躬，正确称呼主宾，面带微笑，迎接问候客人 3. 引领客人时，服务员应注意在客人左前方或右前方一米处引领客人，鞠躬请客人进房（进房后，视情况由管理人员或服务人员简要介绍房间设备情况，若客人要宽衣，应主动替客人将衣服挂于衣柜内）	礼貌迎接客人	注意检查自身仪表仪容
送欢迎茶	记下客人数量，根据需要马上进入房间送欢迎茶和毛巾，若客人有需要，应增加烟缸	向客人表示欢迎和尊重	
交接	在工作交接本上注明贵宾房号及具体接待情况，同时口头交接下一班服务员和领班	以便跟进服务	

注：贵宾级别：A级贵宾由主管级以上管理人员迎接；B、C级由领班级以上管理人员迎接。

协助客房送果篮工作任务明细单

工作任务：协助送客房果篮　　　　　　　分部门：＿＿＿＿＿＿＿

制定人：＿＿＿＿＿＿＿　　　　　　　　批准人：＿＿＿＿＿＿＿

做什么	如何做	为什么	备注
了解送果篮房号	通过办公室文员了解房号或餐饮部人员报房号		
了解房态	通过工作表和办公室确定房间现在状态	房态确认是避免送错房号	房态的确认要准确，避免一些房态差异
协助送果篮	1. 按程序开门后，陪同送果篮人员进房 2. 协助摆放果篮 3. 摆放完毕后，环视下房间后关闭房门	环视房间时检查房间有无少东西和摆放是否标准	1. 摆放的果篮要方便使用和美观大方 2. 确保门已完全关闭 3. 钥匙不可给他人开门和使用

完成计划卫生工作任务明细单

工作任务：完成每日计划卫生工作　　　　　　分部门：＿＿＿＿＿＿＿＿＿

制定人：＿＿＿＿＿＿＿＿＿＿＿＿　　　　　批准人：＿＿＿＿＿＿＿＿＿

做什么	如何做	为什么	备注
查看当日计划卫生内容	查看领班安排的计划卫生清洁表，当日有哪些计划清洁项目	确保准确及时地完成	
准备工具	根据清洁工具的项目，准备好所需的工具及清洁剂	便于工作，提高工作效率	清洁剂按比例配比后使用
做计划卫生	按照工作的程序及标准去完成每项计划卫生工作	必须确保工作效率及工作质量达到要求	
做好记录	工作完成后，在当日工作报告中写清楚清洁内容	便于上级检查	如特殊情况未完成的项目，必须在工作报告中交接清楚
检查	由领班或主管按标准逐一检查	确保达到标准	如未达标准的须重新返工

专项硬地面操作处理简易指南

维护项目	地面材质	适用擦片	适用机器	配合适用药剂	适用地面情况	频率	备注
地面清洗	水磨石/PVC/玻化砖/大理石	红片	地擦机/全自动洗地机+吸水机	全能清洁剂	污染程度较轻	轻度污渍区域：每周1次	
	毛石面/粗花岗石	刷盘		全能清洁剂/超霸起蜡水		较重污渍区域：每天1次	
刷洗补蜡		红片	地擦机/吸水机/鼓风机	超霸起蜡水（1:4）	污染程度较重、蜡面划痕较多	根据地面蜡面磨损程度每2/3个月1次	清洗时地板非常湿滑，24小时内禁止湿拖
彻底去蜡落蜡		黑片		超霸起蜡水（1:10）/底蜡/面蜡	污染程度严重、蜡面划痕无法修复	根据地板蜡面磨损程度每1/2年1次	
喷磨保养	水磨石/PVC	红片	地擦机	喷磨保养蜡	蜡面的日常维护清洁、划痕修补	每3天或1周1次	人员紧缺时须保证至少2周操作1次
高速抛光		白片	低转速抛光机（带电源线）	喷磨保养蜡	蜡面的日常抛光、划痕修补	每2周1次	高速抛光伤蜡较重；落蜡24小时后建议首先操作一次
			高转速抛光机（自带电瓶）			每1个月1次或按现场需要即时操作	
结晶处理	大理石/花岗石	钢丝棉	地擦机	结晶处理剂	石材地面结晶的初始化工作		
晶面保养		钢丝棉		晶面保养蜡	石材地面结晶初始化后日常维护保养	每3天或1周1次	人员紧缺时须保证至少1周操作1次

专项设备安全检查

使用人姓名	使用日期	设备标号	安全检查（√/×）	备注

领班检查_____　　主管检查_____
检查日期_____　　检查日期_____

客房部计划卫生清洁一览表

客房部周、月度、年度计划卫生清洁一览

项目＼时间	第一周					第二周					第三周					第四周				
	周一	周二	周三	周四	周五	周一	周二	周三	周四	周五	周一	周二	周三	周四	周五	周一	周二	周三	周四	周五
客房高位、地脚线抹尘、房间地毯吸尘																				
电话、杯具、拖鞋消毒																				
家具打蜡，电镀件、不锈钢抛光																				
阳台冲洗、墙纸清洁																				
玻璃及镜面刮洗																				

注意：水壶、窗帘、纱帘及墙纸、地毯有明显污渍时需要在日常清洁中及时处理，不能拖延。

项目＼月份	1	2	3	4	5	6	7	8	9	10	11	12	日期	楼层中班公共区域计划卫生
													周一	电梯轨道、电梯门、垃圾桶清洁抛光
房间硬质地面做晶面处理													周二	走廊地毯边缝、地脚线清洁
水壶水垢、面盆活塞及溢水口清洁													周三	客房门牌、门铃清洁
窗帘、纱帘拆洗													周四	走廊木质家具打蜡
阳台灯罩内外清洁													周五	视住客情况完成其他未完成的清洁项目
阳台槽清理													周六	视住客情况完成其他未完成的清洁项目
房间地毯整体清洗													周日	走廊窗户、镜面及壁画清洁
卫生间墙面、地面及边角刷洗														注：除每天完成规定的计划卫生外，B栋地毯需每日吸尘，A\C栋拖洗楼梯、楼道
空调过滤网拆洗、消毒														

项目策划：段向民
责任编辑：孙妍峰
责任印制：谢　雨
封面设计：何　杰

图书在版编目（CIP）数据

酒店客房清洁技术与管理实训教程 / 段发敏主编
. -- 北京：中国旅游出版社，2019.8
中国旅游院校五星联盟教材编写出版项目　中国骨干
旅游高职院校教材编写出版项目
ISBN 978-7-5032-6240-1

Ⅰ．①酒… Ⅱ．①段… Ⅲ．①饭店－客房－清洁卫生
－商业服务－技术培训－教材②饭店－客房－商业管理－
技术培训－教材 Ⅳ．①F719.2

中国版本图书馆 CIP 数据核字（2019）第 069016 号

书　　　名：酒店客房清洁技术与管理实训教程

作　　　者：段发敏　主编
出版发行：中国旅游出版社
　　　　　　（北京建国门内大街甲 9 号　邮编：100005）
　　　　　　http://www.cttp.net.cn　E-mail:cttp@mct.gov.cn
　　　　　　营销中心电话：010-85166536
排　　　版：北京旅教文化传播有限公司
经　　　销：全国各地新华书店
印　　　刷：北京工商事务印刷有限公司
版　　　次：2019 年 8 月第 1 版　2019 年 8 月第 1 次印刷
开　　　本：787 毫米 × 1092 毫米　1/16
印　　　张：11.75
字　　　数：236 千
定　　　价：39.80 元
ＩＳＢＮ　　978-7-5032-6240-1